# 高职院校英语课程改革研究

王蜜蜜　著

中国书籍出版社
China Book Press

**图书在版编目（CIP）数据**

高职院校英语课程改革研究 / 王蜜蜜著 . -- 北京：中国书籍出版社，2022.12

ISBN 978-7-5068-9239-1

Ⅰ . ①高… Ⅱ . ①王… Ⅲ . ①英语—课程改革—研究—高等职业教育 Ⅳ . ① H319.3

中国版本图书馆 CIP 数据核字（2022）第 201308 号

**高职院校英语课程改革研究**

王蜜蜜　著

**责任编辑**　毕　磊

**装帧设计**　李文文

**责任印制**　孙马飞　马　芝

**出版发行**　中国书籍出版社

**地　　址**　北京市丰台区三路居路 97 号（邮编：100073）

**电　　话**　（010）52257143（总编室）（010）52257140（发行部）

**电子邮箱**　eo@chinabp. com. cn

**经　　销**　全国新华书店

**印　　刷**　天津和萱印刷有限公司

**开　　本**　710 毫米 × 1000 毫米　1/ 16

**字　　数**　213 千字

**印　　张**　12

**版　　次**　2023 年 3 月第 1 版

**印　　次**　2023 年 3 月第 1 次印刷

**书　　号**　ISBN 978-7-5068-9239-1

**定　　价**　72.00 元

# 前　言

改革开放以来，我国高职教育得到了快速发展，培养了大批高素质技术技能人才，为国家经济社会发展提供了有力的人才支撑，服务经济社会发展能力不断增强。近年来，随着国家产业升级和经济结构调整，各行各业对技术技能人才的需求越来越紧迫，这既给高职教育带来了前所未有的发展机遇，同时也使高职教育面临重大挑战。新形势下，高职教育必须全面改革，打造技术技能人才培养高地，进一步提升人才培养质量，培养适应行业需求的复合型、创新型高素质技术技能人才，才能满足国家经济社会发展的需要。

高职英语课程是高职院校的一门重要的公共基础课，具有工具性和人文性双重属性，承担着素质教育和能力培养重任，同时也要为学生的专业课程学习和可持续发展打下坚实基础。而目前高职英语教学面临诸多困难和问题，主要表现为高职生源多样带来教学组织困难、教学内容陈旧单一、教学方法落后低效、教师综合素质和能力亟待提高等方面。高职英语的教材相对单一。教学内容比较陈旧，不能体现高职特色，与未来工作岗位、生活实际联系不够紧密，因而无法激发学生的学习兴趣等。因此，高职院校应当积极改进英语教学，推进英语课程的改革。

本书共分为六章，第一章为高职院校英语教学概述，主要就高职教育概述、高职英语教学的现状及问题、高职英语教学理论基础与教学基本原则三个方面展开论述；第二章论述高职院校英语课程设置，主要围绕高职院校英语课程设置概述、高职院校英语课程设置过程及问题、高职院校英语课程设置方法三个方面展开论述；第三章探讨高职院校英语课程建设与改革，依次介绍了高职院校英语课程资源建设、高职院校英语课程体系改革、高职院校英语课程评价的探索三个方面的内容；第四章探讨高职院校英语教师队伍建设，依次介绍了高职英语教师专业发展概述、高职英语教师专业发展途径、高职英语教师专业能力的培养三个方面的内容；本书第五章探讨高职院校英语教学模式改革，分为三部分内容，依次是高职英语微课教学模式、高职英语慕课教学模式、高职英语翻转课堂与混合式教学模式；本书第六章探讨高职院校英语课程思政的实施，主要从课程思政的背景与内涵、高职院校英语课程思政的现状与问题、高职院校英语课程思政建设的实施路径三个方面展开研究。

在撰写本书的过程中，作者得到了许多专家学者的帮助和指导，参考了大量的学术文献，在此表示真诚的感谢。本书撰写中尽量做到内容系统全面，论述条理清晰、深入浅出，但由于作者水平有限，书中难免会有疏漏之处，希望广大同行及时指正。

作者

2022 年 5 月

# 目　录


第一章　高职院校英语教学概述……1

第一节　高职教育概述……1

第二节　高职英语教学的现状及问题……16

第三节　高职英语教学理论基础与教学基本原则……23

第二章　高职院校英语课程设置……41

第一节　高职院校英语课程设置概述……41

第二节　高职院校英语课程设置过程及问题……51

第三节　高职院校英语课程设置方法……57

第三章　高职院校英语课程建设与改革……63

第一节　高职院校英语课程资源建设……63

第二节　高职院校英语课程体系改革……69

第三节　高职院校英语课程评价的探索……76

第四章　高职院校英语教师队伍建设……89

第一节　高职英语教师专业发展概述……89

第二节　高职英语教师专业发展途径……94

第三节　高职英语教师专业能力的培养……100

第五章　高职院校英语教学模式改革……116

第一节　高职英语微课教学模式……116

第二节　高职英语慕课教学模式……138

第三节　高职英语翻转课堂与混合式教学模式……149

第六章　高职院校英语课程思政的实施……168

第一节　课程思政的背景与内涵……168

第二节　高职院校英语课程思政的现状与问题……173

第三节　高职院校英语课程思政建设的实施路径……176

参考文献……182

# 第一章 高职院校英语教学概述

要对高职院校的英语教学进行改革，首先应该对高职院校的英语教学有一个整体的了解。本章主要对高职院校英语教学进行概述探讨，分别从高职教育概述、高职英语教学的现状及问题，以及高职英语教学理论基础与教学基本原则三个方面展开探究。

## 第一节 高职教育概述

### 一、职业教育的定位与目标

国务院对职业教育和高等职业教育的地位和发展目标，是通过 2019 年 1 月发布的《国家职业教育改革实施方案》（以下简称《方案》）进行规划的，《方案》是新时代中国职业教育改革发展的重要文献。《方案》对职业教育和普通教育两种教育类型之间的关系进行了明确，指出职业教育和普通教育是两种不同的教育类型，并且两者的地位同等重要。随着我国改革开放政策的全面展开，经济社会发展对人才的需求大大增加，职业教育为我国经济社会发展提供了有力的人才和智力支撑。在国家现代化建设的背景下，逐步全面建成现代职业教育体系框架，使得服务经济社会发展能力和社会吸引力不断增强。因此，我国的职业教育具备了基本实现现代化的诸多有利条件和良好工作基础。

国家职业技术教育改革要求我们坚持以习近平新时代中国特色社会主义思想为指导，明确职业教育的重要位置，即职业教育在教育改革创新和经济社会发展中，应该处于更加突出的位置。这就要求我国职业教育要牢固树立新发展理念，对接科技发展趋势和市场需求，同时还要为建设现代化经济体系服务，培养出更加高质量的职业技术人才。要想培养出能面向市场需求，并且能够肩负现代化建设的高质量人才，就要不断完善我国的职业教育和培训体系，对学校、专业的布局进行优化，改革办学体制和育人机制。除此之外，还要鼓励和支持社会各界特别是企业积极支持职业教育，从而推进高素质劳动者和技能人才的培养。在未来的5~10年间，职业教育应该逐渐完成以下几个方面的转变：第一，由以政府举办为主逐渐转变为政府统筹管理、社会多元办学的格局；第二，由以参照普通教育办学模式逐渐转变为企业社会参与、专业特色鲜明的类型教育；第三，由追求规模扩张逐渐转变为提高质量。经过以上转变，将大大提升新时代职业教育现代化水平，不仅如此，职业教育的转变一方面能够为促进经济社会发展提供各方面高质量人才，另一方面也大大有利于提高国家在人才上的竞争力。

## 二、高等职业教育的定位和特点

国务院在2019年1月发布的《国家职业教育改革实施方案》提出，进行高等教育结构优化以及大国工匠和能工巧匠的培养，其重要实现方式就是发展高等职业教育，这一举措还能大大提高城乡新增劳动力受高等教育的程度。高等职业学校的人才培养的目标是培养服务于区域发展的高素质的技术技能人才。具体来讲，就是重点为企业的发展服务，尤其是一些中小微企业，培养能够帮助中小微企业技术研发和产品升级的人才。要想实现这一目标，首先在社区教育方面，要加强社区教育和终身学习服务；其次在招生方面，要建立“职教高考”制度，完善“文化素质＋职业技能”的考试招生办法，从而提高生源质量为学生接受高等职业教育提供多种录取和学习方式。

高等职业教育的招生目标是广泛的，不仅涵盖高中毕业生，还包括中等职业学校的毕业生，甚至还包括社会人士。对招生目标不仅要求其拥有良好的基础理论知识，还要求其拥有基本的职业实践经历。也就是说，随着高等职业教育的改革和发展，在不久的将来，除了高中毕业生之外，会有越来越多的高等职业学校的学生来自中等职业院校的毕业生和社会人员。高等职业教育的学制为2~3年，其培养的目标是使学习者掌握某一特定职业或职业群所需的知识、技能和素质等实际能力，并且为掌握这些技能的学习者提供相应的就业机会，一方面提交毕业生的就业率，另一方面也能为区域和行业经济发展提供高质量的人才资源。

随着我国经济社会的发展，教育不断进行深入的改革，现代职业教育体系也将随着我国现代职业的快速发展而不断完善。这主要表现在中职、高职、职业本科、专业硕士学位等完整的职业教育学历教育框架体系的形成。就目前看来，高等学历教育包括高职（专科）、职业本科和专业学位硕士，其中高职是目前职业教育高等学历教育中占比最多的教育类型。

## 三、高等职业教育的时代使命

随着全球化的深入，我国的经济社会得到了突飞猛进的发展，在这样的背景下，我国的经济发展进入了一个新常态，与此同时，中国特色社会主义进入了新时代，在这个新时代，高质量发展成为主旋律。面对新时代的到来，“一带一路”的建设、“中国制造 2025”的实施、“工匠精神”的弘扬等无一不对人才的质量提出了新的要求。

现代化发展实际上是指人的现代化。而人的现代化的实现离不开学校教育，其中职业教育更是面向人人、面向全社会的教育，因此可以说，开启通往现代化的钥匙就是教育。随着社会经济的发展，我国职业教育的发展也进入了新的阶段，教育发展的高速增长阶段已经成为过去，随之而来的是教育高质量发展的阶段。面对这一客观背景，我国职业教育要想适应教育发展的潮流，实现培养高质量人才的目标，就要积极将自身教育的短板补齐，提高职业教育的质量。在职业教育现代化发展过程中，一直存在职业教育发展不平衡、不充分的矛盾，因此促进职业教育的内涵发展，满足社会发展对职业教育的需要，不断克服职业教育现代化发展中的矛盾，已然成为新时代职业教育现代化的重要内涵。

中共中央、国务院印发的《中国教育现代化 2035》明确提出，要加快发展现代职业教育，不断优化职业教育结构与布局。要推动职业教育与产业发展有机衔接、深度融合，集中力量建成一批有中国特色的高水平职业院校和专业。《中国教育现代化 2035》提出了推进教育现代化的十大战略任务，包括各级教育高水平高质量普及、实现基本公共教育服务均等化、构建服务全民的终身学习体系等，其中职业教育已成了关注的重点。要健全职业教育人才培养质量标准，制定紧跟时代发展的多样化高等教育人才培养质量标准；强化职业学校和高等学校的继续教育与社会培训服务功能，开展多类型、多形式的职工继续教育；加快发展现代职业教育，不断优化职业教育结构与布局；推动职业教育与产业发展有机衔接、深度融合。

国务院办公厅《关于深化产教融合的若干意见》提出，将产教融合作为促进经济社会协调发展的重要举措，融入经济转型升级各环节，贯穿人才开发全过程，形成政府企业学校行业社会协同推进的工作格局；面向产业和区域发展需求，完善教育资源布局，加快人才培养结构调整，创新教育组织形态，促进教育和产业联动发展；支持引导企业深度参与职业学校、高等学校教育教学改革，多种方式参与学校专业规划、教材开发、教学设计、课程设置、实习实训，促进企业需求融入人才培养环节；鼓励企业依托或联合职业学校、高等学校设立产业学院和企业工作室、实验室、创新基地、实践基地；鼓励职业学校、高等学校引进海外高层次人才和优质教育资源，开发符合国情、国际开放的校企合作培养人才和协同创新模式。探索构建应用技术教育创新国际合作网络，推动一批中外院校和企业结对联合培养国际化应用型人才。鼓励职业教育、高等教育参与配合“一带一路”建设和国际产能合作。

《国家职业教育改革实施方案》提出，要建立健全学校设置、师资队伍、教学教材、信息化建设、安全设施等办学标准，引领职业教育服务发展、促进就业创业；落实好立德树人根本任务，健全德技并修、工学结合的育人机制，完善评价机制，规范人才培养全过程；深化产教融合、校企合作、育训结合，健全多元化办学格局，推动企业深度参与协同育人，扶持鼓励企业和社会力量参与举办各类职业教育；职业院校应当根据自身特点和人才培养需要，主动与具备条件的企业在人才培养、技术创新、就业创业、社会服务、文化传承等方面开展合作。学校积极为企业提供所需的课程、师资等资源，企业应当依法履行实施职业教育的义务，利用资本、技术、知识、设施、设备和管理等要素参与校企合作，促进人力资源开发；启动实施中国特色高水平高等职业学校和专业建设计划，建设一批引领改革、支撑发展、中国特色、世界水平的高等职业学校和骨干专业（群）。

由以上国家颁布的一系列政策文件中可以看出，近年来，国家高度重视职业教育。这是因为，作为职业教育中高等教育的重要组成部分，高等职业教育为国家经济建设和社会发展输送了大批的高素质技术人才，可以说在国民教育体系中发挥着非常重要的作用。为顺应中国特色社会主义新时代的发展要求，高职教育应根据国家经济社会的发展，不断调整更新教学理念，转变教学方式，深化教学改革，使高职教育与行业企业需求深度融合，从而为国家培养更多的高质量实用型人才。

## 四、高职院校学生特点

随着普通高职院校的扩招、民办本科的转型，高职院校的录取分数线跟原来相比不断有所降低，高职生源的文化基础也有不断下降的趋势。因此，高职院校的学生和普通高等院校相比，具有其自身的特点。只有充分了解了高职学生的特点，因材施教，采取与之相适应的针对性的教育教学方法，才能实现高职人才培养的目标，从而培养出一大批国家建设需要的高素质技术技能人才。

### （一）生源特点

高职院校的学生生源主要包括中职学生、普通高中生和社招学生。中职学生是对来自普通中专、职业高中和技工学校的学生的统称。中职学生的升学途径分为以下三类："3+3"转段培养、对口单招和职业技能竞赛免试升学。"3+3"转段培养是指学生在中职学校学习3年，考核合格毕业后直接到对口合作高职院校学习三年；对口单招是指中职毕业生通过全省的对口单招文化考试和技能测试后，进入高职院校学习3年，大多数中职学生通过该渠道升入省内的高职院校；职业技能竞赛免试升学是指中职学生参加职业技能竞赛并获得一定等级奖项就可以免试进入高职院校。

高职院校的另一部分生源来自普通高中，主要通过高考统招、提前招生和注册入学进入高职院校。通过高考录取的这部分考生，成绩没有达到一般本科的入学分数线，文化基础相对较差。因为生源数量逐年下降，近年来高职院校的招生门槛一降再降。通过高考统招入学的学生，有些原本计划上本科，但是由于高考失利而只能上高职院校。他们中的大多数因此心里充满挫败感，容易产生自暴自弃的想法，因而学习干劲不足；通过高职院校提前招生录取的学生，由于招生数量扩大，考试难度降低，生源质量也有逐年下降的趋势。因此，通过这种方式录取的学生，学习基础与高考录取学生相比，相对较差；通过注册入学的学生，大多数在入校前的学习成绩就较差，一般无法通过高考或提前招生进入高职院校学习，所以这部分学生往往无心学习，只是由于年龄较小，不想过早进入社会，所以选择注册入学进入高职院校学习，这些学生进入高职院校只是为了得到毕业证书，争取一个就业机会。

### （二）学习特点

教育的目的是为国家和社会发展提供高质量的技术、技能人才，教育是对人的教育。因此，教育的改革是面向学生的改革，教育改革的实行首先要对学生的特点进行深入研究。由此可见，教育改革的重点是了解并分析高等职业院校学生的生源特点、学习特点、心智特点，以及学习心理特征等，不仅如此，还要根据这些特征对教学中的教学策略进行合理运用。相较于普通高等教育来说，高等职业院校的学生一方面文化基础比较薄弱；另一方面，大部分高等职业院校的学生在高中或中等职业教育时期并没有养成良好的学习习惯，从而使得他们对理论知识的学习和吸收存在困难。高等职业院校的学生在高中或者中等职业教育阶段，成绩相对落后，因此在心理上难免产生自卑心理，这大大影响了其与教师互动交流的积极性。还有一部分高等职业院校的学生当初在选择专业的时候，是由其父母一手操办的，存在盲目选择的情况，因此他们的学习兴趣不浓、目标不明确、学习动力也不足。尽管高等职业院校的学生在理论知识学习上能力处于弱势，但是不得不说，在动手操作能力方面，高等职业院校的学生还是比较具有优势的，他们大部分都乐于参加各种实践活动。总而言之，我们可以将高等职业院校学生的学习特点归纳如下。

1. 模仿动手操作能力较强

高等职业教育院校的学生大部分拥有较强的模仿能力，擅长眼看和手做等动手型操作，因此在学习方式上更加倾向于操作型和直观型。事实上，相较于普通高等院校的学生，高等职业院校的学生学习基础稍微薄弱，思维分析能力与信息提取能力不强。尽管他们的抽象思维能力比较弱，但是他们的形象思维却很强，这使得他们普遍缺乏对理论知识学习的动力。具体来讲，这是因为理论知识往往一般都比较抽象，教师在进行课堂教学的时候往往比较枯燥，缺乏新意，从而使得学生很难提起学习的兴趣。除此之外，一部分学生缺乏自我约束和管理能力，再加上没有科学的学习方法，从而缺乏学习动力，甚至产生厌学心理。

2. 良好学习习惯尚未养成

高等职业院校的学生如果在中学阶段没有养成良好的学习习惯和较强的学习耐力，那么到了大学阶段，面对更多的自由支配时间以及较小的学习压力等情况，他们大部分人在课后的闲暇时间里都不能进行主动学习。在英语学习方面，高等职业院校的大部分学生普遍表现为单词量有限，并且在听力、口语、阅读、写作等方面也缺少相关知识的积累。而实际上，英语的学习需要经历一个漫长的过程，在长时间的量的积累下，才能有质的转变，使学生的英语水平得到提高。

3. 未能掌握良好的学习方法

如前所述，大部分高等职业院校的学生在中学阶段都没有形成良好的学习习惯，也没有找到适合自己的学习方法。这就导致了他们进入大学阶段后，在学习上常常没有明显的进步。在英语学习方面也是如此，大部分高职学生在中学阶段没有掌握科学的学习方法，词汇量严重不足，对于单词的记忆也普遍是死记硬背，这严重制约了学生在听、说、读、写方面的进步，使得学生在英语学习中看不到希望，从而缺乏学习英语的信心。

### （三）心智特点

高职学生整体存在学习动力不足的问题，不少学生认为学不学或学得好坏并不重要，只要能毕业就可以；有些学生沉迷于网络游戏，经常逃课，有些学生即使来上课，也常常用手机玩游戏、看小说、刷微信等；有些学生上课睡觉、课后逃避学习，对待作业的态度十分随意；有些学生通过抄袭应付考试，甚至放弃考试，以补考、重修作为弥补方式。这些学习上的表现都与他们的心智特点有关。高职学生普遍对自己要求不高，在心智方面呈现出以下四个特点。

1. 学习动机不够强

因为生源数量逐年下降，高职院校的招生门槛不断降低，导致生源质量普遍较低且参差不齐。有些学生填报专业时比较盲目，缺乏对自己的了解，也缺乏对选学专业的了解，只是一味地听从教师、家长的建议，进入大学后才发现自己并不喜欢所选专业，因而无法对专业学习产生兴趣，从而导致学习进入恶性循环。也有些学生在入校前学习成绩就较差，无心学习，进入高职院校只是为了得到毕业证书，他们认为不投入学习也不影响毕业和工作，因此没有学习的动机。

2. 学习目标不明确

大部分高职学生没有建立起面向未来的职业规划和人生规划。他们往往并不知道未来毕业的工作去向，也不清晰自身今后的职业需求和发展方向，因此往往缺乏明确的学习目标和学习规划，加上原来学习基础薄弱，很多学生处于得过且过的状态，因而学习状态和学习效果也就可想而知。

3. 学习信心不够足

高职院校中，少数同学英语基础相对较好，平时课堂表现比较积极，考试成绩也较为理想，因此往往便会过高地估计自身的学习能力和英语水平，但在参加国家级英语考试等各类英语等级考试落败后，又会妄自菲薄。而另一部分基础较差的学生一般比较自卑，往往对英语学习充满恐惧。很多人认为自己英语基础太差，再怎么努力也学不好，因而学习从不积极，也不愿报考任何级别的考试。对他们来说，只要英语期末考试能通过，能够最终拿到毕业证就算完成学习任务了。这些都是高职学生学习信心不足、抗挫能力弱的表现。

4. 自控能力比较弱

高职学生在高中阶段学习基础往往不扎实，长期处于学习成绩不佳的状态，缺乏成功的情感体验，缺乏教师、家长等对自己的认可，因此容易失去学习的主动性，甚至开始产生厌学。而大学生活相对高中学习生活更加自由，受家长、教师的管理、约束比较少。在这一宽松的环境下，很多学生缺乏自控能力，沉迷于各种娱乐活动、网络游戏中而无法自拔、颠倒作息时间，甚至开始自暴自弃。这些都是高职学生自控能力弱的表现和不良后果。

## 五、高职教育教学存在的问题

在我国职业教育类型中，高等职业教育是高等教育的重要组成部分，不仅如此，在整个国民教育中，高等职业教育也占据着重要的地位，这是因为，作为高等教育的重要组成部分，高等职业教育承担着高素质技术、技能人才的培养重任。因此，无论是从国家经济社会发展的角度来说，还是从民生活水平提高的角度来说，都要求提高高等职业教育的质量。具体来讲，随着近年来社会经济的发展，我国经济结构也在不断调整，并且进行了一系列转型升级，朝着高质量发展的方向转变。在这样的背景下，国家对高质量人才的需求变大，高等职业教育院校有责任为国家和社会输出高素质、高技术、高技能的人才。然而，要想达到解决人才缺口的目的，就要求高等职业院校在人才培养过程中，注重人才供给的质量。但是，就目前看来，我国高等职业教育的发展存在一些问题，下面我们将对相应的问题进行详细论述。

**（一）生源数量质量下降**

从经过近些年的实际情况来看，高等职业院校的生源数量呈下降趋势，严重不足的生源数量使得高等职业院校在招生的时候不断下调招生标准。在这样的情况下，高等职业院校的生源质量也受到了极大影响，呈大幅度下降趋势。另外，高等职业院校的学生，由于普遍存在学习能力弱、基础知识薄弱等情况，从而使得高等职业院校的课堂教学的难度增加。下面就高等职业院校生源不足问题的相关原因进行分析。

1. 人口不断下降

随着我国经济社会的发展、医疗卫生事业的发展以及人们观念的改变，我国人口进入“低出生、低死亡、低增长”的发展阶段，我国人口增长率自 2008 年年底后逐年下降。升学适龄人口一直在减少，而高考招生计划数在不断增加，这在一定程度上加剧了处于招生最后批次的高职院校的生源危机。

2. 本科不断扩招

近几年来，本科院校不断扩招，使相当大部分的学生都弃高职院校而选择普通高等院校。从而使得高等职业院校的生源数量和质量都大大降低。

当前，在普通老百姓看来，高等教育优质教育资源主要集中在普通高等院校。因此，能就读普通高等院校是很多学生和家长梦寐以求的愿望。因此近几年，普通高等院校不断扩招也使得高职院校生源危机进一步加剧。

3. 传统观念影响

在人们传统观念中，高等教育的优质教育资源主要集中在普通高等院校，特别是重点高等院校，因此高等职业院校远没有普通高等院校受欢迎，甚至人们认为高等职业院校就是专科，选择高等职业院校是无奈之举。这都是人们对高等职业教育不太了解引起的，说明目前我国高等职业教育的重要性和影响力还没有受到足够的重视，致使高等职业院校和普通高等院校在吸引力方面还有很大的差距，这些也进一步限制了学生对高等职业教育的需求。

### （二）实践技能教学不足

高职教育教学的目标是培养高质量的技术技能人才，这一目标的实现就需要高职院校加强对学生的实践教学，这是因为专业的技术和技能并不是依靠单纯地学习理论知识就可以获得，而是需要学生经历不断的实践，在众多的实际操作中，学生才能练就高超的技能。但是，就目前来看，大部分高职院校在实践教学方面还存在众多不足，比如实训室和校外实习基地建设不充分；在课程教学方面仍然偏重理论教学，这样就导致学生只能学习到一些抽象的概念和原理，并不能将所学知识应用到实践中，缺乏实践操作能力的训练，也就无从谈起形成职业技能。另外，有些高职院校虽然也设置了校外实践教学的相关课程，但是往往存在形式重于效果的问题，也就是一味地追求实践教学这种形式，根本没有将学生通过校外实践所获得的技能和成长作为重点。因此，有些校内实训室的实训内容和流程与实际工作情况存到较大差异；另外还有些校外实习基地的实习内容与学生的专业之间联系并不紧密，在这样的情况下，学生是很难通过实践教学获得相关技能的。

### （三）教学内容方法过时

目前，有很多高职院校的教材，尤其是很专业的教材，都是由本校教师自己编写的。教师在对这些教材进行编写的时候往往都是参考已有的教材，并没有对行业的实际情况进行深入调查和了解。这就导致了目前很多同名教材不但名称相同，就连内容也高度雷同，这种情况使得主页教材多年来虽然一直再版，但是内容上却是一成不变。其中诸多内容实际上已经脱离当前的实际情况，并没有体现当前工作中一些新的概念、技术等，存在教学内容严重过时，无法适应当前行业发展。教师利用这样的教材进行教学，学生根本无法对最新的专业知识和实践技能进行学习和掌握。除此之外，在教学方法上也存在一定问题，很多高职院校的教师没有熟练掌握多种教学方法。因此，在高职院校教学中，我们常看到教师的教学方法大部分是讲授和提问，一些新的教学方法如项目教学、任务教学、情景模拟、实践教学等并没有在高职院校普及开来。这严重影响了教学质量的提升。

### （四）学习氛围不够浓厚

我们都知道，好的学习环境和积极的学习氛围，对于学生学习来说，是十分重要的。积极进取的学习氛围，能够促进学生更加积极地、主动地去学习；相反，消极的学习氛围，会使学生在学习上出现消极心理，甚至出现厌学的情绪。因此，高职院校的整体学习氛围、班级学习氛围、宿舍学习氛围能够极大地影响学生的学习热情。就目前实际情况来看，有一部分高职院校的学生缺乏端正的学习态度，也没有养成良好的学习习惯，更没有刻苦钻研、持之以恒、精益求精的精神。这些学生往往因为自身缺乏毅力，加上对学习缺乏正确的态度，得过且过，也没有较强的自制力，因此很容易受到周围不良学习环境的影响。

### （五）素质教育培养缺位

高职学生不但需要掌握专业知识和技能，更需要立德树人，坚定政治方向，培育和践行社会主义核心价值观，厚植家国情怀，弘扬工匠精神，还要具备可以受益终身的学习和思考能力，养成良好的综合素质。未来各行各业将不断发展，知识和技术更新很快，在校学习的知识和技能有可能很快便会过时。只有具备了较强的学习和思考能力的学生，才能在未来职业生涯中不被淘汰，得到可持续发展。此外，高职学生还需具备社会所需的其他能力和素质，如沟通能力、团队合作能力、奋斗精神、社会责任心等。但在实际教学中，很多教师仅仅满足于对学生进行知识传授和技能培养，很少有教师能够打造系统的课程开展思政育人工作，因而素质教育存在缺位的问题。

### （六）课程考核评价片面

任课教师在考试前为学生“划”重点，已成为当前的高职课程考核中普遍存在的现象，学生在考试前按照任课教师“划”出的重点内容，进行死记硬背，以此种方式来应对考试，待考试过后，学生就会将所学的知识全部忘记。采用这种考核方式，不仅达不到对学生所掌握知识进行测验的目的，还会使学生在日常学习中出现不认真的情况，认为平时不用努力学习，考试之前努力背一下“重点”就可以了。这与学校设置课程考核的初衷严重背离了，使课程考核不再有意义。除此之外，就目前看来，学校的课程考核通常是以笔试的方式，采用这种方式对学生进行考核，实际上只能考核学生在面对问题时的分析能力，以及对理论概念的记忆情况，而实践操作、职业技能、社会能力和综合素质等方面是无法通过笔试这种形式进行考核的。这是因为实践操作技能、社会能力等是要通过在实际的操作中所展现的行为展现出来的。举个例子来说，学生在进行某个实践技能的操作中，只能考核学生对该技能的掌握情况，但是要想考核学生的团队能力，则只有在团队活动中才能表现出来。高职院校目前的课程考核评价仍然以终结性考核为主，不重视过程性评价、发展性评价，并且也缺少对过程性评价、发展性评价的应用。由此看来，高职院校在考核方面要进一步提高全面性和准确性。

## 六、高职英语教育内涵与历史沿革

### （一）内涵

语言教育的实质意义，不仅仅是进行语言的教授，还包括根据一定的教育学基本原理及相关知识和社会实践经验，施教者对受教者进行的全面、全程、全人教育。因此，教育相比教学，不仅包括知识的传授，还包括全方面育人。关于教学与教育，早在 1981 年，我国著名的外语教育家许国璋教授就曾提出将“英语教学”改称为“英语教育”。因为相比“英语教学”，“英语教育”拥有更加丰富的内涵，也更加注重英语专业应用型和复合型人才的培养。具体来讲，“英语教育”除了涵盖传授知识和技能之外，还包括培养学生的跨文化理解能力，并且不断对学生的素养进行熏陶，帮助他们塑造优良的品格，养成良好的行为习惯。因此，可以看出，“英语教育”旨在使学生无论是在德行方面，还是在专业技能方面，都能适应社会需要。另外，从理论基础和学科之间的关系来看，英语教育与教育学、语言学中的诸多二级学科有着密切的联系。但是，英语教育也是一个跨学科的专业领域，它有着自己内在的、普遍的、必然的联系，具有自身的学科规律性，也正是这种规律性，让英语教学与其他学科能够在本质上相区分。

无论是英语还是其他语言，其基本特征都是“人文性”和“工具性”。其中，在职业教育领域中表现更加明显的是“工具性”。具体来讲，在高等职业教育中，职业性和技能型是重点强调的两个部分，这是由高等职业教育立足职业现实、服务学生就业，以及促进学生发展所决定的。事实上，“工具性”和“人文性”是密不可分的，高等职业教育在突出“工具性”的时候必须在注重“人文性”的基础上。注重对学生职业能力的培养，提升学生的综合素质，促使学生的能力与职场需求接轨，从而提高学生就业的竞争力。

**（二）历史沿革**

我国首批职业大学的建立是在 1980 年的时候，是由当时的国家教委批准建立的，一共建立了 13 所。紧接着在 1982 年的时候，第五届人大五次会议提出：要试办一批花钱少，见效快，可收学费，学生尽可能走读，毕业生择优录用的专科学校和短期职业大学。这种类型的大学在 1985 年的时候数量已经多达 128 所。也就是在这一年，《中共中央关于教育体制改革的决定》提出："要积极发展高等职业技术院校，逐步建立起一个从初级到高级，行业配套，结构合理，又能与普通教育相互沟通的职业技术教育体系。"这个决定具有重要的意义，它不仅对高等职业教育进行了准确的定位，而且对高等职业教育的发展提出了新的要求，即高等职业教育要循序渐进，逐步与普通教育衔接，并且还要适应行业发展的需要。1990 年，国务院发布了大力发展职业技术教育的决定。1995 年，原国家教委发文，正式明确职业大学是中国高等教育的一种办学形式。1998 年，教育部进行高等教育结构调整，将高等职业教育、普通高等专科教育、成人高等专科教育统筹管理，简称"三教统筹"，并统称为"高职高专教育"。2002 年，国务院《关于大力发展职业教育的决定》（2002 年教育部 16 号文件），为高职高专的发展拓宽了空间。2006 年，《关于全面提高高等职业教育教学质量的若干意见》（2006 年教育部 16 号文件）明确提出高等职业教育作为高等教育的一个类型，肩负着培养面向生产、建设、服务和管理第一线需要的高技能人才的使命，这是促进高等职业教育有序发展最重要的指导性文件之一。2008 年，教育部《关于印发高等职业院校人才培养工作评估方案的通知》要求建立用人单位、学校和学生共同参与的校内质量保障和评价的长效机制。2010 年国务院发布《国家中长期教育改革和发展规划纲要（2010—2020 年）》再次明确发展职业教育的重要性："职业教育的根本目的是让人学会技能和本领。职业教育是面向人人的教育，是面向整个社会的教育。"

高等职业教育与普通高等教育虽然都是为社会发展培养人才，但是高等职业教育与普通高等教育在人才培养上具有一定的差别，其目标是为社会培养高质量的技术、技能型人才，是为生产、建设、服务和管理第一线等输送人才。近十年来，特别是教育部启动“国家示范性高等职业院校建设计划”以来，高职院校在内涵建设方面取得了丰硕的成果，高职教育的职业性特征逐渐显现，在办学定位、人才培养模式、校企合作、“双师型”师资队伍建设、实践教学、服务于区域经济发展等方面已初步形成了鲜明的办学特色。

随着经济全球化的不断发展，我国的经济也得到进一步发展，在经济发展的同时，对人才的需求尤其是对英语人才的需求越来越大，并且对人才的英语能力要求越来越高。这就对高职高专的英语教育提出了更高的要求。然而，目前我国高职院校毕业生的英语能力还不能满足社会经济发展的需求。例如，潍坊职业学院应用外语系课题组从 2009 年 6 月至 9 月通过走访、问卷调查、实地考察，对潍柴集团、海化集团、新郎集团、诸城外贸、福田、华光集团等 20 多家企业展开调查，结果表明：只有 26.2% 的企业对高职生的外语能力感到满意，35.2% 的企业认为高职毕业生外语能力一般，38.6% 的企业对高职毕业生的外语能力不满意。[①] 教育部《关于推进高等职业教育改革创新引领职业教育科学发展的若干意见》（教职成 [2011]12 号）强调各地要鼓励和支持高等职业学校加强国际交流与合作，提高我国高职教育的国际影响力。高等职业学校要服务国家“走出去”战略，服务于大型跨国集团和企业的境外合作。面对全球国际化竞争的日益加剧，越来越多的企业意识到外语的重要性，这使得他们在招聘员工时对于求职者外语水平的要求越来越高。因此，高职高专英语教育改革受到了前所未有的关注。

1991 年，为了对我国师专英语专业教学水平状况进行全面了解，国家教委下达“全国师专英语专业 1991 年统一测试”的任务。不仅如此，国家教委组织编写了《师范高等专科学校英语教育专业英语教学大纲》，在编写的过程中，参照了其他大纲。自中华人民共和国成立以后，国家一直没有出台关于高等专科英语课程教学的文件，直到 1993 年，第一个高专公共外语教学方面的指导性文件——《普通高等专科英语课程教学基本要求》出台，在这个文件中，提出了“以实用为主，以应用为目的”的教学目标，值得注意的是，这个文件率先提出了对英语“应用能力”的培养。到了 2000 年，《高职高专教育英语课程教学基本要求》出

① 刘波．以市场为导向，大力发展职业外语教育——山东省潍坊市职业外语市场需求调查分析 [J]. 中国商界（下半月），2010（04）：349，377.

台，文件中除了仍然强调“实用为主”的教学指导方针之外，又新增了一项，即“够用为度”，文件中强调了两个并重：其一，语言基础和培养应用能力并重；其二，语言基本技能的训练与培养实际从事涉外交际活动的语言应用能力并重。文件通过对这两方面的强调为高职高专的英语教学的发展，指明了方向。2005 年底，教育部成立了高职高专英语类专业教学指导委员会（简称“教指委”）。“教指委”历时 3 年，进行了大量调研和论证，并且于 2008 年起草了《高等职业教育英语课程教学基本要求》（征求意见稿）。2012 年年底之前在历经多次研讨和修改之后正式颁布实施。

随着我国改革开放政策的实施，与世界各国的交流不断深入，在这样的背景下，我国社会经济发展中，各行各业尤其是涉外企事业单位越来越需要具有较高英语水平和能力的人才。另外，我国高等教育中的英语专业可以说是自改革开放以来最受欢迎的主专业之一，同时也是广大家长和学生追捧的专业之一。然而，随着各高校的英语专业不断扩招，近些年来，英语专业的人才供给与需求之间出现了一些变化：其一，英语专业的毕业生的就业形势发生了变化，以往的就业优势逐渐变弱，甚至已经加入了失业率较高的专业行列。其二，尽管英语专业的人才已经过剩，但是同声传译、国际金融等高端复合型英语人才却供不应求。因此，高质量的技能型英语人才仍旧是我国的人才缺口。

除此之外，随着国际之间的交流不断深入，我国的社会经济的迅速发展，我国高等教育发展所处的外部环境也面临着新的变化。不仅如此，随着我国计划生育政策的实施，我国的人口出生率不断下降，在 2008 年我国普通高等教育学龄人口出现拐点，之后每年呈现小幅下降的趋势，并且这种趋势将一直持续到 2025 年左右。这一现象带来的直接影响就是，每年高考的人数呈现下降趋势。因此，生源数量问题已经成为中国高等教育面临的新挑战。高等教育学龄人口数量的下降和高等教育质量竞争时代的来临，使得我国外语高等教育面临前所未有的竞争压力。[①] 在高职教育阵营中处于相对“弱势”地位的外语类专业自然成为生源危机的“重灾区”。同时，由于高职院校生源质量呈下降趋势，英语教学的难度进一步加大，再加上部分院校管理者对于外语教育认识上的误区，很多工科背景院

① 汪晓莉，刘淑华．需求导向的中国外语高等教育战略初探 [J]. 外国语（上海外国语大学学报），2010，33（06）：41-48.

校的公共英语课被压缩甚至被取消，这对刚刚稍有起色的高职英语教育来说无异于“雪上加霜”。

面对新问题，高职外语教育要审时度势，准确定位，强化外语教育在整个育人体系中不可替代的重要地位。在专业教学中融入语言教学，在课程建设中，建立以工作过程为导向的课程体系，让学生在完成具体项目的过程中构建相关理论知识，从而发展学生的语言能力和职业能力。

## 第二节　高职英语教学的现状及问题

### 一、高职英语教学现状

#### （一）高职学生英语学习现状

1. 英语基础参差不齐

相较于普通高等院校，高等职业院校的录取分数线比较低，学生在入学后，英语基础比较薄弱。学生的英语基础的差距近年来随着高职院校生源多元化、多层次变化不断加大，再加上高等职业院校的招生地域不断扩大，各地区的英语教学能力参差不齐，从而致使高职学生的英语水平差、基础薄弱。学生的这一现状会大大增加高等职业教育中英语教学的困难。具体来讲，主要体现在以下两个方面：第一，很多学生的英语词汇量很匮乏，这使得学生无论在听力理解方面还是在阅读方面的提高都受到限制，另外词汇的匮乏也严重影响了学生的表达能力。没有丰富的词汇量作为支撑，在后续的学习中，无论是语音学习还是语法学习，学生都会感到很吃力，教师也会感到大大增加了教学难度，难以有效实现教学目标。第二，学生英语基础参差不齐。这使得教师在教学过程中，增加了教学难度。不同英语程度的学生，对英语学习的需求不同，教师面对学生的“众口难调”，很难达到良好的教学效果。

2. 英语学习兴趣动力不足

高职院校学生英语学习普遍存在学习动力不足、学习兴趣不浓的问题。究其原因，不外乎以下几种情况：一是学生英语基础薄弱和差异明显，上课听不懂，学习英语存在困难，就会逐渐失去学习兴趣和动力；二是教师未能因材施教，对学情调研不够，缺乏对学生的了解，教学设计不切实际，教学针对性不强；三是教师课堂组织能力欠佳，教学形式单一，教学方法落后，无法激发学生的学习兴趣和学习积极性。因此，高职英语教学管理部门和英语教师肩负着重任，需要改革教学组织和教学实施过程，不断激发学生的学习积极性和学习潜力。

3. 高职英语教学效果不尽如人意

虽然在英语教师的共同努力下，高职院校英语教学取得了一定的成效。大多数学生的英语应用能力和英语等级考试成绩也都有了很大提高。甚至有些人不仅通过了大学英语应用能力测试的 A 级或 B 级，还通过了全国大学英语四级和六级考试。但就实际情况而言，在提高学生的英语应用水平方面，尽管高职院校的英语教师们付出了很大努力，但结果并不理想。许多学生的英语水平仍然处于“聋子英语”和“哑巴英语”的状态。学生这样的状态，远远没有达到高职英语课程的教学目标。

### （二）英语教师教学现状

1. 学生水平参差不齐，教师力不从心

在大学中，公共英语课程的课时是有限的，大部分大学的英语公共课课时安排都是一学期 64 个课时，平均到每周，就是 4 课时。高等职业院校旨在让学生掌握一定的英语基础知识，培养学生一定的听、说、读、写的能力，使学生能够在日常进行简单的英语交流、翻译简单的英语资料。这也是高等职业院校英语课程教学目标。然而，我们前面也已经提到，高等职业院校的学生，英语水平参差不齐，因此，要想实现这一教学目标，如何利用有限的 64 学时，将学生从基本为零的基础提高到高职英语毕业的要求对于高等职业院校的英语教师来说，是一个不小的挑战。事实上，任何教学效果都不是单靠教师一方面的努力就可以实现的，需要教师和学生双方面的努力。

2. 教师没有成就感，打击教学积极性

在大学的英语公共课的课堂上，通常都是在一个大教室中，教师面对的学生数量比较多，因此在课堂中，教师要时刻做好准备迎接未知的事件，不仅如此，教师在上课的时候，大部分时间都是一个人在讲台上唱“独角戏”，尽管教师讲得激情飞扬，然而学生在下面却是一脸茫然，甚至有的学生根本不听讲，玩手机、嗑瓜子等。教师面对这种情况，积极利用多媒体分享视频来活跃课堂气氛，但是还是无法调动学生的积极性。久而久之，难免打击教师的教学积极性。

3. 学校招生人数倍增，老师精力不足

高等职业院校近年来招生的数量每年呈现递增的趋势，然而目前高等职业院校的教师数量与逐年增加的招生数量是不匹配的，无法满足当前的教学需求。英语课程属于公共必修课，因此大部分高职院校在英语课程设置上采用合班授课方式，这种授课方式可以说利弊参半，虽然有利于节约教学资源，但是也会使教学效果大打折扣。高职院校的学生本身英语基础就比较薄弱，在这种大班授课的教学方式下，学生纷纷不认真听讲，大多会选择滥竽充数。另外，由于上课时学生数量众多，教师精力有限，根本不可能对学生进行逐一辅导。这样也会使得教学质量有所下降。

4. 对公共课重视不够，师资力量不足

就目前看来，大部分高职院校纷纷把经费都投在如专业课程研究、实训室建设等特色专业发展建设上，并没有给予公共课足够的重视，主要表现在对公共课的硬件设施和软件等投入不够。其中硬件设施主要是指多媒体、语音室等，软件主要是指师资力量和对教师进行的相关培训。具体来讲，随着科技的发展，涌现了很多英语学习软件和英语学习网站，并且这些英语学习资源只能通过语音室进行播放。然而，实际情况是，一些高等职业院校的语音室和多媒体教室只有在上英语课的时候才能使用，平时是不对学生开放的，但是大学英语公共课程只有有限的 64 课时，学生想要通过这 64 课时实现英语学习目标是远远不够的，还需要平时多看、多读、多听。因此，如果一个学校的硬件设施不全，将会严重限制学生的自主学习。除此之外，作为一门应用语言课程，英语在每个专业领域都有其专业特殊性，因此英语教师需要不断对自身的知识结构进行提升，积极参与学习和培训，努力提高自身的专业素质，从而为学生发展提供足够的知识。

### （三）学校管理现状

1. 高职教育发展模式存在功利性

高职教育的出现是时代的产物。在经历了十多年的发展之后，我国高等职业教育已经具有一定的规模，并且为我国高等教育的普及做出了巨大贡献。但是不得不承认，在近些年的发展中，高等职业教育的短期内跨越式发展在以扩大规模为方式的同时，难免会忽略学校文化底蕴、特色和质量的发展。另外，关于高职院校人才培养标准也没有明确，甚至不知道自己打算培养什么样的人才，更不用提制定相应的培养目标了。以英语公共课程为例，学校设置的公共英语课程，当学生学习完一年的所有课时，应该达到什么样的知识水平，学校并没有明确。除此之外，很多高等职业院校也没有形成一个成文的教学目标，英语教学显得比较随意，这种情况下，学生对于英语课程的学习也是毫无目标地盲目学习。

2. 大众普遍对高职院校的认可度低

我国的高等职业教育虽然已经经历了数十年的发展，但是社会认可度却并不是很高。具体来讲，一方面家长和学生普遍认为普通高等教育的教学资源优于高职教育，他们选择就读高职院校是因为高考分数偏低，不得不选择高职院校。另一方面，有很多招聘单位对高职学生也存在偏见，认为高职学生的能力无法达到他们的要求。这大大限制了高职教育的发展。除此之外，家长对高职院校的看法也会严重影响高职学生的学习态度，一些家长认为让孩子上高职院校就是混个毕业证，之后的工作家里托人安排。家长的这种心态给学生带来巨大的影响，学生在校期间毫无学习的动力，教师面对这种学生也会产生消极教学的态度。而英语学习本身就是一个漫长的过程，因此想要提高英语基础薄弱学生的英语能力是十分艰难的，这需要教师和学生双向的努力。而高职院校得不到家长和社会的认同，高职英语教师得不到家长和学生的认同，在这样的情况下，学生不好好学，教师也就失去了教学的积极性，甚至出现教学不负责的现象。

3. 一些学校偏重特色专业的建设

对于一所学校来说，教师的编制数量是根据学生的总人数来决定的，两者之间是呈一定比例的，因此在有限的教师的编制数的情况下，一些学校将重点放在了对特色专业教师的招聘上，对于公共课程的教师的培养却不够重视。因此，就目前看来，高职院校普遍存在一个问题，那就是英语师资队伍不稳定，这也是目前高职院校无法从根本上解决的问题。英语师资队伍的问题不仅包括英语教师资队伍的数量不够，还包括英语师资队伍的质量不高。造成这种情况的原因主要是高职院校普遍对教师普遍采用长期聘用制，这样势必会带来很多负面影响。具体来讲：第一，高等职业院校长期聘用的教师，大部分是在校研究生或者已经退休的老教师，以及一些长期在外“打游击”的教师，甚至还有一些没有教师资格证的兼职人员，人员构成复杂，大大加大了管理的难度。第二，由于是聘用的教师，这些教师一般不会任职一所学校，因此上课时间多变，经常会因为种种原因，在本该上课的时候临时有事，不得不调整上课时间，突然间的停课给学校的教学带来诸多不便。第三,一些聘用的教师水平参差不齐，无法保证教学质量。

4. 学校对学生的管理较为松懈

当学生刚迈进大学的校门，突然间从高中生变成大学生时，发现不但身份发生了变化，而且大学的学习也不像高中那样紧张，也不会像高中时受到老师和学校的严格监管，在这样的情况下，一些自制能力比较差的学生会在大学的校园里显得无所适从，没有学习和奋斗目标。甚至在面对种种诱惑的时候迷失自己。这主要原因是学校没有及时给予学生正确的引导和规划，导致学生没有自我规划。就拿英语学习来说，当学生初入学校的时候，学校能够及时地给予引导，告诉学生英语能力培养的重要性，让学生明白大学期间的英语学习不再以应付考试为目的，而是作为一种技能去学习和掌握，那么学生在学习的时候态度就会不同，教学效果也会得到提升。

素质教育其实是终身教育。还是以英语教学为例，学生对英语课堂的不尊重是由于学校对学生素质教学管理的松懈导致的。因此，学校应该加强学生的素质教育。比如，学生在上课时间睡觉、玩手机及当众顶撞老师都属于学生的素质问题。必须严格对学生这种行为进行管教，教育学生如何做一名合格的学生，是学校的义务和责任。

## 二、高职英语教学存在的问题

从某种角度说，英语是我国学校教育中历时最长、学时最多的一门学科，学生从小学到大学，投入了大量的精力去学习英语。因为，传统的英语教学具有应试教育的倾向性，往往以考试结果评价学校、评价教师的教学效果以及学生的学习效果，这严重制约了英语教学的发展。学生们虽然花费了大量的时间去学习单词和语法等语言知识，却仍然没有能够真正掌握语言的运用技巧，不能自如地运用英语，很多同学仍然听不懂、说不出、不会用。目前，高职公共英语教学中存在以下几个方面的问题。

### （一）教学内容陈旧落后

教材是教师教授课程的重要工具。教师通常都是根据教材的编排顺序和内容来安排课堂教学，所以教材对教学内容和教学方向具有决定作用。现在的高职英语教材大多内容更新缓慢，陈旧落后的教材显然跟不上时代的发展，与社会严重脱节，这种不能与时俱进的英语教材直接导致了英语教学内容陈旧落后，进而也会影响学生英语水平的提升。同时，落后的教材也与学生的实际生活相差甚远，不能贴近学生的实际和需求，从而导致学生对英语学习逐渐失去兴趣，直至产生厌学情绪。由此可见，更新教学理念，实施高职英语教材改革，更新教材内容，创新呈现形式，设计出满足高职学生学习需求与教师教学需求的教材，是当前我国高职英语教学改革的当务之急。

### （二）教学模式传统单一

目前高职英语教学大多采用传统的教学模式，教师往往是整个课堂的主角，学生在课堂上只是扮演倾听者，这种教学模式显然无法激发学生的学习兴趣和学习主动性。传统教学模式强调英语基础知识的传授，而忽视英语综合应用能力的培养，因而导致“聋子英语”“哑巴英语”等现象的出现。虽然，近年来高职英语教育界也在不断努力寻找，探索各种新的教学模式，但“填鸭式”“灌输式”的教学模式依旧普遍存在，课堂上教师与学生之间的交流也往往只是问与答的形式，这导致了学生空有语言知识而不会学以致用，这样培养出来的学生的英语能力与高职英语教学目标相距甚远。在传统教学模式背景下，英语语言环境在高职学生之间很难创建，高职学生很难找到训练使用英语的应用语境。

### （三）教学方法简单低效

随着社会经济的发展，全球化趋势的加强，对于高等职业院校学生的英语能力，社会提出了更高的要求，这就要求高等职业院校在培养英语人才的时候，根据行业实际的需求，并根据社会行业变化不断调整教学模式，教师的教学方法要求根据学生的实际情况以及社会发展的需求做出改变。事实上，目前教师拿粉笔在黑板上书写板书仍旧是很多高等职业院校的上课模式，在这种传统的课堂教学中，教师站在讲台上讲解，学生在下面被动地听讲，教师占主导地位，学生只管记笔记、做练习。这种教学方法实际上是为了应付考试，根本无法调动学生学习的积极性和主动性，更不可能使学生的实际英语学习的需求得到满足。除此之外，高等职业院校公共英语课采取合班制，面对众多学生在英语水平上参差不齐，教师的传统课堂教学无法适用于英语基础处于不同层次的学生们的不同需求。

### （四）师资能力素质欠缺

目前，高等职业教育在师资方面普遍表现为教师能力和素质欠缺。这也是当前高等职业教育一个亟待解决的问题。造成这个问题的原因与近年来高等教育的不断扩展有关。具体来讲，随着我国教育事业的发展，高等职业教育也得到了迅速发展，高等职业院校不断扩招，逐年递增的招生数量，使得一些高等院校有限的教师数量面对不小的挑战。由于学生数量多，教师团队在日常的教学中疲于课程教学，根本无暇顾及自身的业务能力的提升，也没有足够的时间参加相关培训，久而久之就导致了高等职业院校的教师综合素质不断下降的情况。然而最严重的并不止如此，由于教师资源的严重不足，高等职业院校往往不得不临时聘用一些在校研究生承担教学任务。这些研究生没有经过严格的教师培训，必然会影响高职英语课程的教学效果和教学质量。

### （五）信息技术应用不够

随着我国经济社会的快速发展，信息技术已经广泛应用到社会生活的方方面面，并发挥着越来越重要的作用。“互联网＋教育”使教学发生了翻天覆地的变化。各种类型的网络英语学习软件得到开发和应用，多媒体和网络技术已经运用到教学的各个领域。多媒体教学课件的应用使教师和学生的角色发生重大变化，教学效率和效果得到明显提升。音频、视频系统将教学内容和图、文、像有机融合，有效提升了学生参与课堂学习和讨论的积极性，学习注意力更加集中，学习效果也得到了明显改善。英语在线开放课程的建设和使用，也使学生拓展了学习空间，提升了自主学习能力和学习效果。但是，我们也应该看到，目前虽然信息技术在高职教育领域得到了广泛的应用，但仍然有相当数量的高职英语教师未能很好地掌握信息技术，用信息技术开发英语课程的能力还相当薄弱，多媒体和在线课程在英语教学中的应用能力还需进一步提高。

**（六）素质培养不成系统**

作为一门语言学科，英语教学具有双重属性，即工具性和人文性。具体来讲，在世界范围内高等教育的发展方向更加趋向国际化、多元化、合作化、个性化等。因此，高等职业教育中的英语教学不仅要努力培养学生英语应用能力，突出英语教学的工具性，还要开展素质教育，拓展英语教学的人文属性，充分发挥英语教学的育人功能。作为培养学生多元文化意识和跨文化交际能力的重要载体，高职英语课程还是培养学生民族感情、社会主义核心价值观和工匠精神的重要途径。然而，在我国，目前高职院校的英语教学中，许多教师在教学过程中，只注重对学生进行语言知识的传授，以及培养他们的语言技能，却忽视了一个很重要的方面，那就是对学生进行中西文化背景知识的学习和比较，以及对中国优秀传统文化的宣传和介绍。这就造成了高职学生跨文化分析能力不足，从而导致了高职英语课程中一些学生盲目崇拜西方文化的“中国文化失语”和错误思想倾向。因此，高职英语课程的思想政治建设非常重要，但也不是一蹴而就的，可谓任重道远。

## 第三节　高职英语教学理论基础与教学基本原则

### 一、高职英语教学理论基础

面对经济社会发展和高职教学改革不断深入提出的新挑战以及素质教育的全面推进，作为高职英语教师，必须熟知基本的外语教学理论，并充分利用好相关的教学理论，对高职英语的教与学进行更深入的研究，从而推动高职英语教学改革的不断深化和教学质量的不断提高。下面将主要介绍在高职英语教学改革中应用比较广泛的一些英语教学基础理论。

**（一）认知语言学理论**

认知语言学理论实际上是认知科学和语言相结合产物，认知语言学理论的兴起，可以追溯到20世纪80年代初，是一门新兴边缘学科。随着我国教育的发展，认知语言学自20世纪90年代以来得到了快速发展，并且对第二语言习得和教学等许多领域产生广泛影响。在认知语言学理论中，其主要概念和研究对象包括理想化认知模型、基本范畴、原型、图式、辐射范畴等，其中被应用于英语教学的主要有基本范畴、隐喻、图式等。下面就这三个方面进行详细论述。

1. 基本范畴

范畴就是指人们为记住纷繁复杂的客观存在的事物，而对其进行的判断、分类、存储等一系列处理，经过这些处理，某些具有某些相同特点或者意义的事物就形成了一定的范畴。因此，在同一范畴中的事物，由于其存在一定的相似性，因此比较容易被人们快速感知，这一层感知的范畴就是我们要说的基本范畴。基本范畴具有一定的特点，主要包括以下四个方面。

（1）基本范畴中的成员具有明显的能被感知的特点，这一特点又具有外在区别性特征。

（2）基本范畴中的成员能够被快速感知。

（3）基本范畴中的成员被认知是按照一定顺序进行的，即被认识、被命名、被掌握和被记忆。

（4）在基本范畴中，常运用最简洁的、使用频率最高的中性词。

举个例子来说，在教师进行词汇教学的时候，对于基本范畴的词汇讲解应该放在词汇教学之前，在讲解完基本范畴的词汇之后再进行其他范畴层次的词汇的讲解，这样能够使学生在掌握经常作为词典定义词语的基本范畴词以后再进行其他词汇的学习，这样能够大大提高学生对于词汇学习的效率。

2. 隐喻认知结构

提起隐喻，我们可能最先想到的是一种语言修辞手段，其实不止如此，隐喻还是一种人们利用一种事物对另一种事物进行认识、理解、思考和表达的思维方式。因此，隐喻还是一种思维方式和隐喻概念体系。事实上，隐喻是人思维的基本特征，隐喻也是人们的概念系统的构建方式。从词语的隐喻意义来看，主要包括以下两种：第一种是在人们日常生活中顺应人们的需求而产生的；第二种是在语言中已被人们所接受的约定俗成的隐喻意义。举例来说，在进行词汇教学的时候，教师可以通过强化隐喻思维帮助学生透过英语语言的表层形式理解异语民族的思维模式，并且还可以将某些似乎不关联的词语与其反映的内在概念联系起来，从而帮助学生最终理解并掌握语言形式背后的概念。

3. 图式理论

所谓“图式”，是指每个人过去已经获得的知识在其头脑中储存的方式，是大脑对过去经验的反映或组织，是学习者储存在记忆中的已有信息对新信息发生作用，并将这些新信息加工储存到学习者大脑的过程。图式是一种储存于大脑的抽象的包含空档的知识结构，每个组成成分构成一个空档，当图式的空档被学习者新接收的具体信息填充时，图式便实现了。

### （二）结构主义语言学理论

1. 美国结构主义语言学

美国语言学家通过对没有文字形式的美洲印第安人的口头语言进行研究，创立了美国结构主义语言学。首先，美国语言学家试图用语言符号（如国际音标）将美洲印第安人口述的内容如实地记录下来，接着，语言学家对所收集到的口语样本进行分析并且研究它们的结构和特征。随后，美国结构主义语言学家用“描写”方法对英语及其他印欧语系的语言展开了一系列研究。

美国结构主义语言学家认为，语言是将一个意义编成语码的系统。语言的系统由与结构相关的音位、词素、单词、结构和句型等组成。语言系统主要涉及音位系统、词素系统和句法系统。

（1）音位系统，其主要描述音位、音位变体、音位组合的规则，并且描述连贯话语中的语音现象，如同化、省音、音的弱化、音的连读、重音和语调等。

（2）词素系统，其主要描述词素、词素变体、自由词素和黏着词素等成分和结构。

（3）句法系统，其主要是对词的分类、短语、直接成分和句型进行描述。

美国结构主义语言学家在分析和研究语言的过程中，发现语言有独特的结构。各种语言都拥有其各自的音位系统、词素系统和句法系统，并且不同的语言在音位系统、词素系统和句法系统中的成分、结构均不相同。美国结构主义语言学家立足语言的差异性，提出母语会对我们在学习外语时进行干扰，从而影响我们的外语学习。举个例子来说，当我们在进行外语学习的时候，往往会由于母语结构的不同而出现学习困难和错误；当我们学习的外语与我们的母语具有相同的结构时，我们学习外语的时候就不容易出现困难。由此可见，高职院校的英语教师在进行英语教学时，应该着重分析并解决英语与汉语这两种语言在语言结构上的差异问题。

2. 英国结构主义语言学

英国的语言学家在研究语言结构尤其是句型结构方面，取得了显著的成果。其中具有代表性的英国结构主义语言学的主要代表有帕尔默（H.Palmer）、霍恩比（A.S.Hornby）等。自 20 世纪 20 年代开始，帕尔默、霍恩比等英国结构主义语言学家开始共同对英语语法结构进行分析和总结，不仅如此，他们还将分析、总结的英语语法结构归纳成了一定的句型。

纵观英国结构主义语言学家的研究，我们可以发现，他们与美国结构主义语言学家研究的内容完全不同，他们更加注重语言结构和结构使用情景之间的关系。

英国的结构主义语言学发展到 20 世纪 40 年代时，出现了结构主义伦敦学派，马林诺夫斯基（B.Malinowski）和弗斯（J.R.Firth）就是这个学派的代表人物。在马林诺夫斯基看来，应该将“语境”看成语言活动的自然环境。弗斯在马林诺夫斯基这一研究成果的基础上研究指出必须在不同的语境下对语言各个层面进行研究。同时，他还指出“语境”具有参与者的特点、相关目的和语言行为的效果三个特点。

### （三）建构主义理论

1. 建构主义理论基本思想

建构主义理论有着相当丰富的内容，以学生为中心，学生主动探索、发现以及构建知识体系是其中心思想。现在我们就建构主义的几种思想进行详细论述。

（1）建构主义的知识观

建构主义理论认为知识是对世界的一种解释和假设，其建构是建立在学习者经验的基础之上的，并且其建构过程是根据不断变化的实体情景进行的。在英语教学中，学生对自己知识的建构是在不断积累经验的基础上，通过不断完善自己对知识的认识来构建自己对知识的意义建构，最终将知识消化、内化。建构主义知识观认为，在英语教学中要重视学生在学习中的主动性以及主体地位。在整个英语教学过程中，学习者是组织、控制以及评价者，而学习者内在知识的构建也是整个过程的最终目的。由此可知，在英语教学过程中，如何构建利于学习者知识构建的教学环境是教学的核心之一。除此之外，教学的核心还包括明确学习者的主体地位，促进学习者内在知识构建，使学习者充分发挥学习主动性，最终形成“自下而上”的教学模式。

（2）建构主义的学习观

建构主义学习观的形成是以“知识观”为基础的，它强调学生是学习的主体，在教学过程中，应该明确学生的主体地位，将学生在学习中传统的被动接受变为主动学习。这就要求教师在进行教学的时候，能够利用自己的经验和知识，将外部环境知识与内在主体情景相互融合，完成“传递知识过程”向“构建知识过程”的转换。事实上，在英语学习方面，将学生被动接受转化为主动吸收知识，并进行知识积累和构建，主要通过两种途径，其一是同化；其二是顺应。具体来讲，一方面，建构知识的过程是新知识与原有知识相互联系、融合以及创造的过程，经历这一过程的最终目的是获得新知识的意义，并转化为主体内在知识结构中的一个要素，完成同化过程；另一方面，原有的知识结构体系中的一些元素会受到新知识进入的影响，从而发生一定的调整或变动，从而实现顺化。

（3）建构主义的师生角色定位

关于师生关系，建构主义学习理论强调以主体性为核心，不再坚持“以教师、书本为中心”的教学思想。建构主义学习理论认为，在学习情景下，教师的角色主要体现在三个方面：第一，学生构建知识体系的指导者；第二，环境的构建者；第三，知识在学习主体与环境间构建起来的连接者。学生的角色是主动地融入建构主义的学习环境中，分享、交流以及吸收新知识经验，主动构建自己新的知识体系框架。

（4）建构主义的学习环境

学习环境在学习中占据重要地位，学习主体在通过与外界客体进行知识交流、完成知识经验构建需要通过一定的中介因素，这个中介因素就是我们要说的学习环境。因此，要想将建构主义理论学习环境的作用充分发挥出来，就需要对学习环境进行一定的限定，比如，整个环境中应该包含教材媒体、教学资料、计算机辅助教学等基础的教学信息资源。这些信息资源或者设备条件是推动学生自主学习的促进因素，并且整个环境必然是为了进行合作式探索而构建的。

（5）形成性评价

对于形成性评价的研究，最具代表性的是美国教育家、心理学家布卢姆，在他看来，形成性评价主要是对课程编制、教学以及学习三个过程进行评论，最终使三个过程逐步完成并不断得到改进。关于形成性评价的目睹，除了对课程编制、教学以及学习三个过程进行评价和改进之外，布卢姆指出形成性评价还有另外一个目的，即帮助学生集中于自己内在知识体系的构建，提供对学习认知完成的主动性、创造性以及与外界环境的交互性。在教学过程中，只有对与学生学习过程给予关注、重视，并且进行合理评价，才能真正有的放矢地引导学生注重对知识、技能的学习与构建。

2. 建构主义主要教学方法

建构主义倡导的教学方法主要有随机进入教学、支架式教学、抛锚式教学等。

（1）随机进入教学

这种教学方法主要是指学习者在学习的过程中，通过随机选择的途径和形式进入相同教学内容的学习，并且在学习中，学习者能够获得对同一事物或者同一问题的多方面认识与理解。

（2）支架式教学

支架式教学的提出旨在为学生搭建有助于其进行知识理解的概念框架，这些概念是为发展学习者对问题的进一步理解所需要的。在这种教学方法下，教师需要在进行教学活动之前，将复杂的学习任务进行适当分解，从而便于在讲解过程中，循序渐进地引导学生对知识进行理解和消化。通常来讲，支架式教学由搭脚手架、进入情境、独立探索、协作学习、效果评价几个环节组成。

（3）抛锚式教学

抛锚式教学实际上就是在教学活动之前，教师为学生创设情境、确定问题，也就是我们所说的“抛锚”。实际上，抛锚式教学除了创设情境、确定问题两个环节，还包括随机进入学习思维发展训练、小组协助学习、学习效果评价等几个环节。

## （四）二语习得理论

20 世纪 60 年代，第二语言习得理论得以产生，但其真正成为一门学科是在

20世纪70年代。第二语言习得理论也称“二语习得理论”，对该理论做出重大贡献的典型代表是美国南加州大学语言学系教授克拉申（S.Krashen）。下面介绍对我国大学英语教学有重要启示的理论。

1. 监控理论

克拉申（S.Krashen）的监控理论是20世纪末对外语教学影响最大的语言学理论。监控理论由以下五项假说构成。

（1）语言习得与学习假说

在克拉申看来，第二语言习得包括两种不同的方式，即习得语言和学习语言。“习得”指的是学习者在目的语环境中，通过实践，在毫无意识的情况下，学习到使用该种语言的技能，不仅如此，随着时间的推移，学习者能够在无意识的情况下熟练地运用该语言技能进行人际交往。“学习”是人们一种有意识的活动，学习语言就是人们有意识地研究一种语言，获得理解并使用该语言的能力的过程。因此，语言习得与学习是存在一定差异的，一方面，当人们通过习得的方式掌握一种语言技能后，可以在无意识的情况下利用这种技能实现交际目的。另一方面，利用学习的方式获得语言技能之后，由于没有实际的情境，人们无法进行自由的交际，只能利用学到的语法规则对该语言的应用进行检查和纠错。通过实践证明，我们可以发现，在语言习得的过程中，既离不开“习得”，也离不开“学习”。

（2）自然顺序假说

自然顺序假说认为要按照一定的顺序对第二语言进行习得，在第一语言习得的过程中，学习者最先需要掌握的就是语法，对语法进行掌握之后再进行其他规则的获得。这种语言习得的次序在进行任何形式的语言习得时都可以采用，并且不会受到课堂人为的不同教学次序的影响。研究证实，英语作为一语和二语的习得顺序是相同的，词素和功能词的习得顺序是可以预测的，而且一种语言作为二语和一语的习得顺序都是一样的，习得过程中都有一定的系统性和共性，二语的发展模式（即某一具体的二语形式的习得阶段次序，如时态或否定式的习得阶段次序）也是如此。所有的二语习得者都要经历这些共同的阶段，当然这些阶段在不同的个体之间会有反复和重叠。从这一点来讲，对不同基础的语言习得者不能进行同步的教授，否则会使水平高者产生厌学情绪或使基础差者产生畏难情绪，不利于语言学习。

（3）输入假说

输入假说通常被看作是监控理论的中心内容。该假说认为，语言习得者通过理解消化输入的语料来逐渐获得应用第二语言的能力。因此，语料输入的可理解性是语言习得成功的必要条件。只有可理解性的语料输入才有可能实现语言习得的良好效果。而且语言输入的量也决定着语言学习者对目的语的掌握程度，只有量变才会导致质变，外语学习者仅靠有限的课堂学习的语料输入量，想要熟练地掌握目的语是绝对不可能的。凡是二语的熟练掌握者都会在课堂之外通过阅读书籍、收听目的语电台或是以其他方式接触语言资料，以保证足够量的语料输入，并且通过练习将输入语料内化，从而获得运用目的语的能力。由此可见，二语习得成功的关键因素是语言输入的可理解性和输入量的充足性。

（4）情感过滤假说

在语言输入的过程中，克拉申认为情感发挥了过滤的作用，并且情感过滤的多少，影响着语言习得难易，即情感过滤得越少，越有利于语言的习得。消极的语言学习的态度和焦虑的情绪都能对语言输入起到过滤作用。具体来讲，当学习者带着消极的情感进行学习时，对输入语言的学习就会缺乏主动性，即便学习者获得了语言输入，但是他们也不会去进行习得。反之，当学习者具有较强的学习动机，以非常自信的状态、不带任何忧虑情感进行外语学习的话，那么在其学习过程中，情感过滤的作用就很弱，在这样的情况下，学习者就容易习得。语言习得如同语言输入一样，其效果同样受到学习者情绪感情因素的影响。例如，喜欢和厌恶就会产生截然不同的语言习得效果。事实上，一个人的行为是由自己想要达到的目的以及兴趣导引和控制的。在语言学习过程中，学习者能否学习好目的语言，在一定程度上受到动因的影响。因此，动因也是二语习得中的一个关键因素。动因通常被定义为学习者为学会一种语言所付出的直接努力，也被称为动机。人们常把动机分为两种。第一种被称为综合性的动机（Integrative Motivation），而后一种被称为工具性的动机（Instrumental Motivation）。综合性动因被定义为人们因为对一种语言所代表的人文产生兴趣而去学习这种语言的内在动机，工具性动机则被认为是人们学习一种新的语言的内在动机，是为了获得该行为带来的实际价值和好处。在学习第二语言时，有些人的动机可能属于第一种，而有些人的动机则是第二种，也有的人可能两种都有。总而言之，是人们的内在动机在引导着他们外在的努力去学习掌握该语言的行为，如果有很强烈的学习动机的话，学习者往往会使用很多策略来学习该语言，如寻找各种机会来操练该语言，或尽可能多地练习口语和听力等。如果学习者学习语言所采用的策略比其他人多，自然会得到比其他人好的成绩，好成绩反过来又会加强他们学习语言的动机，同时他们获得自信，动机和自信会激励着他们运用更多更好的学习策略。因此，我们可以得出这样的说法，动机与学习策略彼此相互作用。有学者的研究表明，对学习策略有最强影响的因素是动机的强弱。还有学者在研究中指出，学习者的学习目的可能会影响他们学习策略的选择和使用。总之，动机会激发学习者采用更多的策略去学习，而多样化学习策略的采用又使学习者获得良好的学习成绩，从而巩固和加强学习者的学习动机。因此，我们说教学中尽可能地发掘和巩固学生学习语言的动机是相当必要的。

（5）监控假说

克拉申的监控假说认为语言习得和语言学习具有不同的作用。具体来讲，语言习得是对第二语言学习的开始，语言习得的作用是使学习者形成第二语言的语感。因此，语言习得系统实际上是潜意识中对语言知识的习得。与之不同，语言学习系统是有意识地进行语言知识的学习，目的是在进行第二语言学习时能够临时用所学的语言知识，对接下来的学习进行监控，也就是说用“学得”来检验“习得”的准确性。值得注意的是，这种监控不仅可以在语言输出前，还可以在语言输出后。制约监控作用发挥的因素主要包括以下三方面：其一，要有足够的时间。主要是指语言使用者在选择和运用语法法规时要有足够的时间，这样才能对语法规则进行有效的选择和运用。其二，要注意语言形式。语言使用者除了要考虑语言的正确性之外，还必须将注意力集中在所用的语言形式上。其三，知道规则。语言使用者在使用语言时必须要对所学语言的语法概念及语言规则知识进行把握。根据监控程度的高低不同，二语学习者可以分为三种类型：第一种是监控过多者。这种类型的二语学习者往往过度关注语言形式，因而在语言表达时表现为结巴，词不达意。第二种是监控不足者。这类二语学习者一般不受外界干扰，对语言错误的纠正只凭感觉；第三种是监控合理者。这种二语学习者通常以不影响交际为前提来合理运用监控手段。

2. 输出理论

语言学家斯温提出的输出理论认为仅仅依靠语言的输入，无法使得二语习得者达到完全流利且正确地运用语言的程度，因此斯温的输出理论强调成功的二语学习者不仅需要接触充足的语料输入，更需要完成大量的语言输出，换句话说，语言习得者在接收语言输入的同时，将语言正确流利地应用到交际实践中去。在斯温看来，输出在语言习得中具有重要的作用，主要可归纳为以下三点。

（1）强迫输出。所谓强迫输出 (Pushed Output )，实际上就是指在二语习得者进行语言习得的时候，使用目的语与其本族语言者在进行交际的时候，常常出现信息差异，此时本族语者就会不断发出理解困难的信号，在这种情况下，二语学习者为了更准确、更连贯地表达自己的思想，不得不调整及修正自己的表达方式。这是因为语言学习者在使用所学语言进行交际的时候，为了能够将自己的内心意愿表达清楚，会迫使自己特别注意自己的表达方式，甚至为了和本族语使用者进行成功的交流，语言学习者会使用一些较难的语言形式，这样就形成了强迫输出。

（2）输出的第二作用就是能为学习者提供进行假设验证（Hypothesis Testing）和自觉反思（Conscious Reflection）的机会，利用两个机会可以促使学习者不断对自己的学习策略进行合理调整。

（3）输出的最后一个作用是可以使学习者为流畅且顺利地进行交际而集中自己的注意力，能够让学习者注意自己在交际中表达的语言形式。能够将输入和输出连在一起的是课堂互动或课外以目的语为通用语言参加的交际活动。威尔斯（Wells）曾将“互动”定义为建立发出信息者、接收信息者及语言环境三边关系的相互作用的合作活动。互动的开展一般需要教师让出他在教室的主控地位，留给学习者更多操练外语和接触新的语料输入的空间，甚至要学会创造更多的机会。不管是课堂互动还是课外交际活动都包括各种形式，关键是学习者要积极参与，把完成交际任务当作交际的目的。良好的语言操练环境和对学习者的激励对于输出都极其重要。

3. 二语习得环境

学习母语时，语言环境对儿童能否成功习得母语起决定性作用。同样，一个人二语习得的成败也取决于外语语言学习环境。二语学习者一般都是在掌握了母语之后才开始学习二语的，学习者生理和心理上大都基本成熟。目的语的语言信息主要来源于课堂教授和教科书，语言输入不仅数量很少，题材上也不是很丰富，因此二语习得的效果也会受到影响。没有量变的积累，就不可能有质变的发生。如果能够使用目的语和本族语学生一起学习或者在异国他乡的目的语环境里学习和独立生活，那么学习者能够处在一个学习外语的鲜活语言环境中，无论是日常生活还是学习、工作等，都是学习者与别人进行交流的场所，这将大大增加学习者操练目的语的机会，对促进其目的语的使用能力，具有重要作用。因此，语言环境决定着二语习得的成败。

4. 自治学习的理论

关于自治学习理论，早在 1998 年的一次国际学术研讨会时候就被提起过，这次研讨会的主题是“学习者自治，教师自治：未来的方向”，是由英国诺丁汉大学的二语 / 外语教育研究中心发起的，在这次会议上，来自世界各国的专家学者都做了报告，这些专家学者无一不是这一研究领域中声名显赫的人物。他们参加这次研讨会主要是两个目的：第一，是将他们的研究成果彼此分享。这是因为他们清楚地认识到，不同的学习环境需要不同的自治学习方式，因此为了更全面地研究“自治”概念，他们将所有人的研究联系在一起，以期形成一种协同增效的链条，从而使他们的研究成果更加符合现实。第二，对语言教学领域的未来发展方向进行探讨，即学习者自治（Learner Autonomy）和教师自治 (Teacher Autonomy )。

作为英语教师，常常需要面临一个这样的问题，教师付出大量精力进行教学，但是却得不到学生的积极反应，学生反应不积极，对学习缺乏主动性，从而使英语教师觉得自己的付出与产生的教学效果之间不成正比，对英语教师的教学积极性产生了巨大的消极影响。造成这种情况的原因，主要是学生缺乏学习的主动性，过分依赖教师。然而，实际上，学习者自身的学习能力和学习动机决定着教学效果，而在整个教学过程中，教师是否掌控全局对教学效果的好坏是起不到决定性作用的。从这个层面来讲，要想提高教学效果，就要让学习者明确自己在教学中的主体地位，并且树立学习责任心。这里说的有责任心的学习者，不仅仅是按时完成作业、遵纪守法的学习者，还包括那些坚信学习进步的关键因素是自身的努力，并且将这一认知付诸实践的学生。因此，有责任心的学习者在积极学习时，不是为了取悦教师或得到好分数，而是想努力学到他需要的知识和技能。自治学习者首先必须是有责任心的，因此自治学习者都是积极主动的，同时也是头脑清楚的。自治学习是一种学习方法。它需要有责任心的学习者，但有责任心的学习者的培养离不开教师的有效引导。自治学习中心提供的除了一系列学习资料和提供学习资源的机器系统外，还把资源、指导人员、系统管理和机器设备融于一体，从而为自治学习者提供良好的环境和服务。自治学习的形式可以很灵活，规模也可自由控制，可以在教室里进行，也可以在语言自治学习中心或是图书馆等地方进行。

### （五）乔姆斯基的语言学理论

在语言学界还有一个不可忽视的理论学说，那就是乔姆斯基理论，它突出了研究内部语言的重要作用，被称为“转换生成语法”。在乔姆斯基看来，作为人类的一种行为，语言同人类其他行为一样受到规则的支配，即语言规则。在这个规则下，人类可以利用有限的语言单位构造出数量无限并且复杂的句子。因此，学习者学习某种语言，是学会利用该语言的规则创造和理解新的句子，而不是仅仅学习一些特定的句子。从这个层面来讲，规则性和创造性是语言的两个重要的特征。

外语教学在很大程度上受到了乔姆斯基理论的影响。具体来讲，乔姆斯基的语言学理论对外语教学主要有两个方面的影响：其一是对课堂教学方法应用、教材编写等的影响；其二是对语言测试的设计产生影响。在乔姆斯基的语言学理论的影响下，语言教学法在20世纪六七十年代时有了新的进展，即认知法的诞生。认知法以乔姆斯基的语言学理论为语言观，以认知心理学作为其语言学习理论的依据，又被称为“认知符号法”或“认知—习惯形成法”。

### （六）韩礼德的语言功能理论

韩礼德（Halliday）是功能语言学理论的代表人物。从20世纪60年代开始，韩礼德就开始研究语言的社会功能，指出语言学是关于言语行为或话语的描述，只有通过对语言使用的研究，语言的全部功能和构成意义的所有组成部分才能集中在一起。在《语言功能探索》（The Exploration of Language Functions）一书中，韩礼德讨论了语言功能的双重地位，即微观功能和宏观功能。微观功能一般出现在儿童学习母语的初级阶段，有如下六种：第一，启发功能，即使用语言来学习和发现问题；第二，控制功能，即使用语言来控制他人的行为；第三，想象功能，即使用语言来创造一个幻想的世界；第四，工具功能，即用语言来取物；第五，个人功能，即使用语言来表达自己的感情；第六，交流功能，即使用语言与他人交往。

当儿童语言逐渐接近成人语言时，这些微观功能也开始逐渐让位于宏观功能。语言的宏观功能有下面三种：概念功能，即语言可以用来表达语言使用者对真实世界或幻想世界的经验；人际功能，即语言可以用来表达、建立和维持社会中人与人之间的关系；篇章功能，即语言可用于创造连贯的话语或文章，这些话语和文章对语境来说是确切和恰当的。

### （七）海姆斯交际能力理论

海姆斯（D.H.Hymes）是交际能力理论的代表。海姆斯的交际能力主要可体现在以下四个方面：第一，在交际过程中，能够正确地、得体地使用目的语言；第二，在交际中使用目的语言时，能够判断语言形式的可行性；第三，在交际过程中，能够辨识和组织合乎语法的句子；第四，在交际过程中，可以辨别哪些话语可以在实际生活中说出来。除此之外，海姆斯交际能力理论还对交际能力的概念进行了强调，即运用语言进行社会交往的能力。在强调交际能力的概念时，指出交际能力既包括言语行为的语法正确性，又包括言语行为的社交得体性；既包括语言能力，又包括影响语言使用的社会文化意识。

## 二、高职英语教学基本原则

### （一）学生中心原则

在高职英语教学过程中，教师要贯彻以学生为中心的原则，必须注意做到以下几点。

1. 精心设计教学方案

为保证教学活动顺利开展和教学目标有效实现，教师要坚持以学生为中心，精心设计教学方案。要根据学生的语言基础、语言运用能力和学习能力确定相应的英语教学目标、教学任务，因材施教，开展分层教学；要根据教学目标，精选教学内容，认真选择适当的教材，确保教材内容符合学生的实际学习需求，并根据学生学习情况及时调整和优化教学内容；要认真备课，课前了解学生、研究教材，精心准备教学内容，细化设计教学流程，确保课堂教学按计划方案有序开展。

2. 科学选用教学方法

英语教师要根据学生的学习基础、学习习惯和心理特点选择与之相适应的教学方法和教学手段，增强学生学习动力，激发学生的学习兴趣，使学生积极主动投入到英语教学过程中；教师要根据教学内容的不同，选择不同的教学方法和手段，提高课堂教学的效果；教师要高度重视教师的引导和支架作用，及时发现学生学习中的困难并给予必要支持，帮助学生渡过难关；同时要及时发现学生学习进步并给予鼓励，进一步激发学生学习积极性和自信心，从而取得更好的学习效果。

### （二）激发兴趣原则

在高职英语教学过程中，教师还要坚持激发兴趣原则，要想做到这一点，可以从以下方面着手。

1. 主动发掘兴趣

教师要在遵循语言学习规律的前提下，根据学生心理和生理上的特点，对学生进行深入了解，找出学生的兴趣点，并且将其应用在教学中，因需施教。从而不断激发学生学习的动机和兴趣。教师要善于发现和挖掘学生对于英语教学内容的兴趣点，让学生对每节课都充满新鲜感，将学生的学习积极性最大限度地调动起来，提升学生英语学习效果。

2. 及时给予鼓励

学生的学习效果以及能否获得成就感是学生学习兴趣的高低的决定性因素。因此，在教学过程中，教师要善于发现学生的点滴进步，并且及时给予鼓励和表扬，这样就会使得学生内心充满成就感，从而激发英语学习的兴趣，积极主动地投入到学习中。及时地给予学生鼓励还能增强学生的自信心，使其学习动力进一步增强，从而提高自己的英语水平。久而久之，就会使其形成英语学习的良性循环。

3. 加强师生交流

研究表明，学生对课程的喜爱程度与教师存在着密切的关系。知识渊博、性格活泼、幽默风趣的教师更加受学生的欢迎。而学生喜欢一名教师，通常也会喜欢这位老师所教授的课程。因此，教师注重提升自身综合能力，加强与学生的交流，和学生打成一片，是激发学生学习兴趣、提高英语教学效果的重要途径。

4. 创新教学方法

传统的课堂教学方法，一般是教师占主导，学生被动地听课、做笔记，这种教学方法无法激起学生的英语学习兴趣。因此，创新教学方法是当前高等职业教育迫切需求解决的问题。创新的教学方法能够使学生耳目一新，不仅能够激发他们学习英语的兴趣，还能促进其思维能力、英语综合应用能力和自主学习能力的提升。

5. 优化评价办法

在高职英语教学评价中，为了更好地帮助学生摆脱传统应试教育的阴影，要不断强化形成性评价的应用，引导学生在英语学习中要更加注重学习过程而不是只注重最后的成绩，让学生体会学习过程中的每一次进步所带来的成就感，从而激发其对英语学习的兴趣，以及主动学习的愿望。从而使其能够更加主动地投入到学习过程中，真正提高英语课程的学习成效。

### （三）灵活教学原则

高职英语作为高校语言系统组成部分，有其自身独立存在的价值。构建高职英语教学体系，需将高职英语教学主体（教师）、客体（学生）及中介（高职英语学科内容），三方融为一体综合考虑。开展高职英语学科教学过程中，高职英语教师应及时分析、掌握学生学习情况，据此灵活调整教学方案，系统推进高职英语教学进度。

1. 灵活运用教学方法

教师在英语教学中，要结合语音、词汇、语法等语言知识学习和听、说、读、写、译等语言技能训练的实际情况，根据不同的教学对象、教学内容、教学情景的具体特点，灵活采用最适合的教学方法，以确保教学的针对性和实效性。

2. 引导学生灵活学习英语

学科教学方案需具备适应性，即能够适应学生学习特点。高职学生已经具备基础性的英语学习能力，但由于高职院校师资教学规模和学生学习差异，存在学生学习水平不一的问题。为此，高职英语教师需定期摸清学生学习差异情况，大致了解每位学生的学习能力和进度。同时，灵活调整英语教学方式方法，主动引导学生开展英语语言交际活动，在英语语言互动交流中提升学生的认知力。

3. 营造灵活应用英语氛围

英语是一门实用性较强的语言，开展英语语言交流，需要建立相对宽松开放的交际环境。为提升高职院校学生英语学习兴趣和能力，高职英语教师可以尝试构建较为宽松的语言交际氛围，组织学生开展英语语言交流实践活动。此外，在英语课堂教学过程中，高职英语教师可以灵活运用英语教学方法，以强化学生英语课堂互动为目标，主动营造宽松的英语教学和学习氛围，满足学生的英语学习需求体验。

### （四）教学交际化原则

语言是交际的工具，人们主要通过语言来交流思想、传递信息。学生学习英语的首要目的是学会使用英语进行交际。教师在英语教学过程中应注意遵循交际性原则，培养学生能够运用所学语言知识在不同场合、和不同的对象进行有效交际的能力。要在教学中培养学生的语言交际能力，教师应该做到如下几点。

1. 正确认识英语教学的本质

高职英语教学旨在增进学生英语语言的应用能力。通过教学英语单词语法用意、语句结构成分和语言应用环境等，培养学生英语应用素养。高职学生已经具备较为完善的英语知识框架，高职英语教师需要提供适合的语言交流场所，增进学生的语言应用能力。当然，在英语语言实际应用环节，高职英语教师仍需为学生提供相应指导，帮助学生答疑解惑，使学生可以正确理解英语单词在不同语境中的含义。

2. 将英语教学交际化

作为实用性较强的语言，英语正在展现其交际功能特点。现阶段，部分高职院校学生仍带有考试思维的观念，将学习英语视为考试环节的构成部分。这种略带倾向性的学习观念与英语教学的初衷是相悖的，不符合当前高职院校英语教学的目标。为此，高职英语教师仍需积极践行互动教学方法，开展理论与实践相结合的英语教学模式。以高职院校常见的英语角为例，在较为宽松开放的交际环境下，英语角使高职院校学生之间的英语互动交流进一步增强，这有利于改变学生英语学习的态度。

3. 教学活动贴近生活

语言为人与人之间的沟通交流提供了载体，成为推动人类文明进程发展的力量。英语语言同样具备生活化的特点，高职英语教师教学英语可以尝试融入生活元素，指导学生用英语语言介绍常见的生活现象。此外，高职英语教师还可以引进社会热点话题，引导学生用英语语言互相沟通和交流，发表对社会热点话题的看法，这一过程不仅可以提高学生英语语言应用能力，还可以提高学生英语语言思维表达能力。因此，高校英语教师可尝试生活化的语言教学。

4. 教学中创设交际情景

要使学生获得使用英语进行有效交际的能力，做到在适当的地点和时间，以适当的方式向适当的人讲适当的话，教师在英语教学中要积极创设真实交际情景，使师生身临其境，共同完成各种教学活动，以此来提高学生英语应用能力。情景包括时间、地点、参与者、交际方式、谈论的题目等要素，在某一特定的情景中，某些因素，如讲话者所处的时间、地点以及本人的身份等都对他说话的内容、语气等有着制约作用。因此，在英语教学中，教师要把教学内容置于一种有意义的情景之中，使学生充分理解每一句话在实际情景中所表达的意思。这就要求教师在设计英语教学活动时要充分结合教材的内容，利用各种教具，创设情景，设计开展各种任务型交际活动，完成各种相关交际目标。

### （五）情感教育原则

高职英语学生已具备系统的学习能力，并形成较为个性的英语学习思维。针对高职院校学生开展个性化教学，需要综合考虑学生的身心发展特点，以满足学生的学习体验为教学目标，引导学生积极主动地融入英语语言交际活动。此外，关注高职院校学生英语情感体验，也是高职英语教师需重点考虑的事项。

1. 创建良好教学环境

情感教育原则已经被用于各种学科教学中。针对高职院校学生开展情感教育，首先需要尊重高职院校学生的思想情感态度，增进高职院校学生的心理情感体验。从高职院校英语教学角度分析，高职院校英语教师可以主动拉近与学生的距离，创建师生平等互动的英语交流环境，使学生更倾向接纳英语学科。此外，高职院校学生情感体验会影响课堂学习效率，高职英语教师可寻求与学生进行情感沟通，在了解学生想法过程中，帮助他们解答困惑。当然，创设好的情感教育环境，需要构建宽松愉悦的课堂学习氛围。

2. 培养学生形成积极的情感

积极的情感态度有助于推进问题的解决。高职院校学生有着较为独立的情感判断力，对待事物现象能够较为清晰地提出个人意见或态度。英语本身就是用于语言交流的学科，而语言交流中又蕴涵丰富的情感体验，所以高职院校英语教师应该尊重学生的英语情感体验，尝试从情感教育的角度，指引学生形成正确的情感价值观。此外，针对高职院校学生开展英语情感教学，需要创设较为顺畅的情感交流渠道，在平等互动中交换学习情感，从而完善学生对英语学科的情感认知建构。高职院校学生具备独立的思考能力，并且具有较为强烈的自尊心，高职英语教师只有尊重学生的情感体验，才能顺利推进英语语言教学，进而提升英语学科教学效率。

# 第二章 高职院校英语课程设置

英语课是高职院校人才培养方案中的重要内容之一，也是大学生必须学习的课程。因此，课程设置显得尤为重要。本章主要研究高职院校英语课程设置，分别从以下三个角度进行论述，分别是高职院校英语课程设置概述、高职院校英语课程设置过程及问题、高职院校英语课程设置方法。

## 第一节 高职院校英语课程设置概述

### 一、高职课程设置概论

#### （一）课程设置含义

为保持学科教学顺序的合理性，需要综合考虑学科在每周、每学期的安排情况，这就是通常所指的课程设置。课程设置为学科教师构思教学方案提供了指导，并且有助于推进各类学科教学进度方案的顺利实施和完成。因此，要保证各类学科衔接得当，使学生能够建立系统的学习框架。

高职院校实施课程教育，旨在培养学生系统性思维。在设置学科课程教学安排时，将理论与实际相结合作为主要参考因素，系统推进学生对知识的实际应用能力，进而完善高职院校教育体系布局。此外，高职院校课程设置环节，还需综合纳入拓展性课程，拓宽学生的知识学习范围。

高职院校开展学科教学，必须要综合考虑课程设置情况，从整体出发规划课程教学安排。课程设置为后续的教学方案设定提供依据，也为学科教育的顺利推进提供相应指导。然而，课程设置不能仅从教师教学角度出发，更要考虑院校学生的学习特点。高职院校教育旨在培养学生的实践能力，在设置英语课程安排时，要综合考虑学生英语学习情况，以此确定英语教学培养目标，进而系统地推进学生英语学习进度。

职业教育课程应以“职业群”对素质、知识、能力的共同需求为出发点，以职业素质和职业能力培养为主线，在教学中发挥三大功能——强化学生的就业能力、促进学生的智力发展、促进学生的人格完善。

### （二）高职课程设置的理念与原则

1. 高职课程设置的理念

（1）动态性

高职院校可为社会培养专门用途的人才，这就决定了高职院校课程设置与社会密切联系的程度。在素质教育和人才技能教育的背景下，高职院校更应该适时调整课程设置，满足社会经济转型的需要。此外，在社会对人才需求规模日益提升的背景下，高职院校可以适当增添有关课程实践的设置，动态调整理论课程设置占比情况，解决高职院校学生实践应用能力不足的问题，满足社会人才需求指标。

（2）整合性

高职院校课程设置应基于社会整体用人需求出发，综合考虑市场就业岗位变动情况，以系统培养学生专业应用能力。在社会经济转型变迁的大背景下，解决高职院校学生就业问题也应是课程设置的目标，故高职院校课程设置要整合相关学科内容，综合拓宽学生思维观念。

（3）创新性

教育以培养有独立思想和创新意识的人才为目标，高职院校教育同样肩负为社会输送专业技能强、创新意识显著的人才的任务。要实现这一教育目标，高职院校就必须体现课程设置的创新性，既要将传统学科理论教学纳入课程设置范围，又要体现专业实践强的教学内容。

（4）超前性

高职院校课程设置是为社会经济发展服务的，这要求高职院校管理层应适时调整课程改革方案，优化课程设置细则，以市场专业人才需求为导向，增强课程教学的实用性。高职英语课程，以输送语言应用人才为核心导向，因此在设置英语课程时，高职院校管理层需要紧跟时代发展步伐，加强英语课程设置与社会发展的适应性。

2. 高职课程设置的原则

（1）开放性

要求课程体系的设置具有一定的弹性和灵活的调整机制，能对整个社会的经济、科技的发展与市场需要做出快速反应，及时反映社会需求的变化，及时进行课程的更新。

（2）适用性

高等职业教育课程的开设方向与职业岗位密切相关。其专业定向贴近社会生产实际和职业分工，以就业岗位所需要的技能作为参照，力求"按岗定课""岗课一致"，培养技能型应用人才。

（3）个性化

由于高职院校生源复杂，参差不齐，学生在学习过程中表现出较大的个性差异。高职课程设置应充分考虑受教育者当前学习水平的差异和将来多次就业、转岗的需要，根据学生的不同层次、不同爱好设置课程，使其能够按照不同的职业方向个性化成才。

（4）实践性

高职教育的实践性具有智力性和创新性特点，这就要求高职课程设置坚持职业性和应用性，突出职业性技能培养，高度关注认知性实习、专业技能训练、毕业设计、顶岗实习等实践环节，全面增强学生的职业能力和岗位适应性。

### （三）高职课程设置的特点

美国职业教育学者按照职业教育的方向，认为高职院校课程教育特点有三方面：一是定向性，也就是将课程教学与社会发展需求相联系；二是适应性，也就是要使课程教学适应学生身心发展特点和职业需求；三是针对性，也就是根据社会就业导向，有针对性地为学生输送特定课程的教学理论和实践知识。

我国一些学者同样认为高职院校课程教育有三方面特点：第一，定向性。所谓定向性，是指以社会职业分工为依据设置编排课程，为高职院校学生提供适合的就业方向，满足社会各职业领域的用人需求。第二，应用性。所谓应用性，是指高职院校课程设置必须体现实践特点，即强调学生将所学的理论知识用于专业实践中，强化高职院校学生的专业应用能力。为实现高职院校课程设置的应用性，就应该综合分析各职业领域的基本发展特点。第三，整体性。所谓整体性，是指高职院校需从培养专业应用型人才角度出发，整体编排课程设置架构，使课程设置与人才培养目标相符，系统推进高职院校学科教育体系布局建设。

高职院校主要的办学目标之一是服务于地方经济，为适应地方经济建设提供具有实际操作能力的技能型人才，而区域特色又决定了各个地方经济所需要人才的能力的差异性，因此高职院校没有必要形成带有模式化的课程设置方案，构建各具特色的课程设置才是彰显职业院校办学特色的明智之举。高职院校的课程设置如何进行调整才能更好地服务区域经济发展，同时又符合于高职院校自身的定位呢？其具有普遍性意义的原则就在于，把专业面向所对应的岗位所需要的能力进行分解，作为课程设置的依据和前提。

高职教育要培养服务于地方经济建设、适应企业发展需要的实用型、技能型人才，其重点在于使学生掌握工作岗位所需要的技能。因此，能力培养尤其是实际操作能力的培养，是高职院校教学工作的最终目标和任务。在最初进行专业设置论证以及定期修订专业人才培养方案的时候，就要把社会需要的用人规格分解成必需的知识技能支撑模块，并与具体课程对应起来，使高职院校的课程设置，完全超越于普通高校的模式化倾向，旗帜鲜明地体现出灵活性和实用性特点。

高职院校教育目标是以推动学生社会就业为导向，为社会各行各业培养专业技能素养较强的人才。在社会结构转型的环境下，高职院校课程设置需体现科学性、合理性，突出课程教学特色，提升高职院校学生专业实践应用能力，按照社会职业发展方向，优化专业课程设置结构，改善高职院校学生就业压力较大的现状。此外，高职院校可尝试引进社会专业技能人才，定期设置社会专业技能实操课程，培养高职院校学生专业技能素养。

### （四）高职课程设置的要求和依据

高职院校课程设置以突出专业技能教学特色为要求，以尊重高职院校学生主体地位为依据。针对高职院校学生学习特点，设置专业实践强的课程，强化高职院校学生实操素养。同时，也不能过于忽略专业理论课程设置，只有夯实高职院校学生专业理论基础，才能为之后的专业技能实践做准备。突出专业技能教学特色，不是仅设置“人无我有”的课程，而是要设置与社会职业发展方向相匹配的课程，培养高职院校学生的就业适应能力。

原国家教委在《关于高等职业学校设置问题的几点意见》中对高职课程设置的要求是:“教学内容主要是成熟的技术和管理规范，教学计划、课程设置不是按学科要求来安排，而是按适应职业岗位群的职业能力来确定；基础课可按专业学习要求，以必需和够用为度，实践教学课时一般应占教学计划总课时的 50% 左右，实训课的开出率在 90% 以上。”

按照原国家教委提出的意见，在此提出高职院校课程设置结构模式的总体思路，即课程设置须贴近社会职业发展方向，并体现专业技能实践教学特色，系统培养高职院校学生的专业技能素养，发挥高职院校学生专业技能实践应用能力。

高职教育的特点在于面向职业岗位培养人才，人才的知识与能力结构要与行业、企业要求及相关的职业岗位技术标准相适应。因此，高职院校所培养的人才知识结构除了本专业的基本知识、基础理论之外，更为重要的是能够满足岗位技能需求。

## 二、高职英语课程设置

### （一）高职英语课程定位

1. 高职英语课程性质与教学目标

作为语言教学的重要组成部分，高职院校英语课程教学以提升学生语言应用能力为目标，为实现高职院校学生在专业领域的发展打下基础。在当前提倡素质教育的背景下，高职院校理应注重综合培养学生的英语语言素养，构建高职英语语言教学框架，探寻高职英语语言实践运用渠道，从而推动高职院校英语专业学生持续性发展。此外，高职英语课程教学需将跨语言文化交流纳入其中，学习英语语言的目的，不仅仅只是为了掌握一门外语，更重要的是要将这门外语用于实际沟通交流中。当今世界各国多以英语为主要交流语言，高职英语课程教学应该培养学生的跨语言文化交际能力，在实际交流中提升学生英语应用素养。因此，在国际文化交流日益密切的当下，英语语言学科的实用功能得到进一步强化，这使高职英语课程带有明显的实用性质。因此，针对高职院校办学特点，高职英语课程设置应体现实用性特点，开展多元化的英语实践交流活动，培养高职院校学生在不同语境下综合应用英语语言交流的能力，锻炼高职院校学生英语语言和表达逻辑思维，为高职院校英语专业学生就业打下基础。

通过上述分析，高职院校在英语课程设置环节，首先需明确英语课程设置的目标，即着重培养高职院校学生英语语言应用能力。然后再针对高职院校学生学习特点，做出系统全面的规划。最后，通过整合多元英语语言交流方式，提升高职院校学生英语语言的应用水平，加深英语学习印象。

2. 高职英语课程作用

作为高等职业教育的一门公共基础课，高职英语课程的作用是：

（1）培养学生英语语言能力

要结合各专业不同特点，通过英语课程改革，完成基础英语、行业英语和拓展英语的教学，使学生形成较为扎实的语言基础、较强的英语综合应用能力和一定的跨文化交际能力，使英语能力成为学生技能特长中“一专”，为学生的发展打好坚实基础。

（2）服务学生专业课程学习

高职英语课程要使学生在原有英语水平的基础上，进一步提高职场英语应用能力，掌握本专业和相关专业技术领域职业岗位所必需的基本英语技能，提升听、说、读、写、译等方面的综合能力，为学生后续专业英语课程和专业课程学习打下基础。

（3）提高学生综合人文素质

要充分挖掘高职英语课程丰富的人文性功能的优势，显性教育和隐性教育相结合，强化课程思政育人功能，提升学生的人文素养。要通过中西方文化的学习和对比研究，使学生了解中西方文化的差异，提高其科学思辨和判断能力，加深对中华优秀传统文化的理解和认同，学习和践行社会主义核心价值观。

### （二）课程教学内容

1. 课程的内容与基本要求

高职英语课程教学重点是培养学生的语言应用能力，在这一教学过程中，需要高职英语教师持续输出实用性强的英语知识。此外，为提升高职院校英语专业学生就业水平，需要结合社会经济宏观发展状况考虑，将就业性指标作为英语课程教学依据，系统布局课程教学基础知识体系与重点内容结构，实现英语课程专业教学目标与社会就业需求相匹配。最后，以因材施教为教学导向，有针对性地提升高职院校学生英语学习能力。

高职院校办学理念有所差异，英语课程设置情况也有所区别。在此背景下，不同类别的高职院校拥有不同的英语教学团队规模，这使高职院校学生系统学习英语知识的程度也存在变化。我国教育部门曾针对高职院校英语课程教学提出过相应的要求，按照 A、B 两级指导方法，针对英语学习基础较差的学生，从 B 级教学开始，逐步提升其英语语言学习能力，最终达到 A 级学习要求，即能够通过使用英语语言开展交流活动。

实现高职院校学生英语语言应用能力，首先应系统夯实高职院校学生英语学习基础，通过全面讲解英语单词、语法等知识，打通学生英语学习脉络通道，建立较为完备的英语知识储备。当然，检验高职院校学生英语学习成果，需要构建多渠道的英语语言应用场景，在英语语言交际活动中提高学生的应用能力，使学生能够准确处理英语口语化交流与单词使用的关系，确保学生英语听、说、读、写综合能力的发展。

2. 课程难点与教学策略

语言是传播的活动，如何运用英语语言进行口语化交际，是当前高职英语课程教学的重点和难点。在此目标的指引下，高职英语教师需着重培养学生的听说能力，增强高职院校学生在日常生活中的英语口语表达能力。因此，高职英语教学的重点和难点就是促进学生实现语言知识向语言技能的迁移。要实现这种转变，必须采取相应的教学策略。

（1）转变教学观念

倡导“以生为本、面向职场、授人以渔”的教学思想。强调以学生为中心，在关注学生群体发展目标的同时，重视个体差异，因材施教，促进全体学生共同发展。结合学生未来职业需求，突出教学内容的实用性和职业性。强化学生英语应用能力的培养，注重教学方式的实践性。

（2）改革教学模式

要分析研究高职学生英语学习的心理特点和学习规律，注重调动学生的积极性，鼓励他们参与课堂活动。坚持以学生为中心，以提高学生英语应用能力为根本，以提高英语课程学习效果为出发点，改革和创新教学模式，实施分层教学、项目化教学、线上线下混合式教学等教学模式，采用项目教学、案例教学、情境教学、模块化教学等教学方式，安排形式多样的课堂活动，运用启发式、探究式、讨论式、参与式等教学方法，使学生在听、说、读、写、译英语应用能力和综合素质等多方面得到综合发展。

（3）改革教学手段

技术是教育进步的基础条件。当前，高职院校英语课程教学与网络技术的融合程度进一步加深，这使高职院校英语课程教学方式发生了较为深刻的变化。例如，在英语课程教学内容方面，许多高职院校英语教师会在网络平台中搜寻优质课程资源，以此拓宽高职院校学生英语学习范围，增进其英语知识储备。当然，在众多高职院校英语课程教学中，网络课程资源已成为辅助英语课程教学的关键部分。在移动互联网时代，高职院校英语教师会将英语知识以视频讲解的形式，发至每位学生手机或电脑中，这种教学形式对提升高职院校学生英语学习能力，具有一定的益处。

（4）创建学习氛围

氛围会对个人心理行为产生相应影响。在开展高职院校英语课程的教学环节时，英语教师须主动营造宽松、互动的学习氛围，增进学生英语语言交际体验，满足学生对英语语言学习的需求。当前，仍有部分高职院校较为注重传统的单向教学模式。从教学质量方面分析，这种教学模式短期内会提升学生学习水平，但从长远的教育角度来看，该教学模式会形成较为压抑的学习氛围，使学生产生较为消极的学习心理，最终影响学科教学质量的全面发展。因此，为完善高职院校英语课程教学质量，高职院校英语教师需积极改变英语课堂教学氛围，创建宽松互动的语言交际环境，主动提高学生英语语言交际积极性，改变学生英语学习态度。

3. 实践教学设计与实施

高职英语的主要教学目标是培养学生运用英语进行交际的能力。因此，高职英语课程是一门以语言知识习得为基础、以语言应用能力培养为目标的实践性很强的课程。传统的以“应试教育”为主要特征的课堂教学注重英语知识的灌输，缺乏语言实践运用训练，这显然无法实现培养语言交际能力的目标。而且由于英语教学课时非常有限，仅依靠课堂教学有限的时间很难实现从语言知识到语言技能的转化。因此，要实现学生英语交际能力提升的目标，高职英语实践教学体系的建立非常重要，也非常必要。

（1）科学设计实践教学活动

实践教学的设计要注重学生英语综合应用能力的培养，特别是听、说、译等能力的培养。高职英语实践教学的目标是培养学生自主学习能力以及提高学生综合文化素养，另外还要提升学生的语言应用和交际能力，以适应学生未来工作和涉外合作交流的需要。英语实践教学的设计首先要突出学生的主体地位，要灵活运用多种先进的教学方法和教学手段，有效地激发学生的学习兴趣和积极性，促进学生激发潜能，专注学习与语言训练，提升语言能力。其次，高职英语实践教学要课内课外结合，立足课堂，教师示范开展典型任务或项目英语实践教学训练，同时更多的是指导和组织学生在课外开展形式多样、丰富多彩的英语实践教学训练。

（2）丰富实践教学组织形式

英语实践教学内容丰富、形式多样，教师可以根据班级实际、学生英语基础、实践活动时间、实践活动场所等具体情况，采用灵活多样的教学组织和活动形式，如英语演讲、角色扮演、英语辩论、短剧表演、网上讨论、企业现场实践、英语读书报告会、英语晚会、模拟招聘、英语角、英语讲座、社会调查等，有计划地组织学生参与尽可能多的课内课外英语实践教学活动，为学生创造更多的英语应用和训练的机会，从而提高学生的英语应用能力。

（3）强化实践教学效果导向

建立高职英语课程教学评价体系，要以实践教学效果为导向，将学生英语语言实际应用能力纳入评价范围。当前，我国高职院校已经形成多种形式的英语语言交际活动，如常见的英语角和其他形式的英语社团，但仍尚未形成较为系统的英语课程教学评价体系，没有对学生英语语言实践水平提出具体要求。在此情况下，高职院校英语教师需积极创设英语实践应用指标，在学生参与各种英语语言交际活动中，综合考察学生的语言应用效果，帮助学生准确处理英语语言场景应用关系。

4. 教学方法

现阶段，我国多数高职院校英语课程教学，仍较为注重使用传统的课堂教学形式。高职院校英语教师以传统的理论内容讲解为主，较为忽略培养学生的语言场景转换能力，从而产生这样一种局面，即多数高职院校学生英语书面理解和表达能力较强，但英语口语交际能力较弱。为此，高职院校英语教师在开展课程教学过程中，需处理好以下几种关系。

（1）处理好基础和能力的关系

学习任何一门语言，都需要积累一定的词汇量，掌握一定的语法结构知识。针对高职院校学生开展英语课程教学，教师仍需系统巩固学生词汇和语法基础，在此基础上逐级培养学生英语交际表达能力。当然，高职院校英语教师需要明确课程教学目标，以满足社会职业领域对英语专业的用人需求为导向，为学生持续输送最新的英语词汇和语法知识，从而使学生全面掌握对听、说、读、写、译的规范性要求。

（2）处理好教学和测试的关系

当前，部分高职院校过于注重评测学生的英语书面表达水准，而忽略对学生英语语言交际能力的检验。对高职院校英语教师而言，英语课程教学是以讲解词汇和语法知识为基础内容，最终是以测试学生对英语语言的应用能力为目标，如果过于注重培养学生的书面表达能力，那么就与英语课程教学初衷相悖。因此，高职院校英语教师需以课程教学目标为导向，注重测试学生英语语言学习过程和结果。

（3）处理好教学与学生差异的关系

由于高职院校学生生源的多样复杂，不同专业和不同班级学生的英语基础存在较大差异，由中职升入高职院校的学生，英语基础普遍比高中毕业生弱，工科专业学生的英语基础比文科专业学生相对较弱，艺术类专业的学生基础最为薄弱。在教学中教师应根据不同班级学生的英语基础和学习能力，因材施教，实施分类管理、分层教学，适当增减教学内容，杜绝英语教学中的“一刀切”现象，以求达到最佳教学效果，促使每个学生在原有基础上都有共同的进步。

（4）处理好教师和学生的关系

当前，在课程改革持续深化的背景下，注重师生关系平等、开展师生课堂互动交流，已经成为各学科教学的主要目标。英语语言本身就具有交际传播特点，这就要求高职院校英语教师需积极转变课堂教学思维，为学生营造宽松、平等的语言交流环境，鼓励学生在课堂中积极发言和互动，由此持续优化学生英语学习体验。此外，高职院校英语教师须较为全面地摸清每位学生的学习水平，针对学生学习水平的差异性，开展个性化的英语课程教学方式，以此提升学生英语学习素养。

（5）处理好教学与信息技术的关系

在技术条件日益成熟的趋势下，将技术手段用于教学环节已成为新的方式。英语语言的交流，离不开技术工具的支持。为增强高职院校学生语言表达能力，高职英语教师可从网络信息平台中搜寻优质教学资源，借助多媒体等技术，将英语课程教学内容以多种形式呈现给学生，持续优化学生的英语学习体验。但是，高职英语课程教师也不应过于依赖网络教学工具，从而忽略传统的教学方式。

# 第二节　高职院校英语课程设置过程及问题

## 一、高职院校英语课程设置过程

### （一）高职英语课程设置理念

高职教育的公共基础课程同时承担着双重任务，一是要为学生人文素养提升做出贡献，二是要为学生专业课学习打下基础并提供支持。高职英语课程作为培养各类高素质技术技能人才的重要基础课程，承担着为学生培养人文素养、提高综合素质的重要任务，同时也肩负以就业为导向、培养学生面向实际工作岗位的基本技能的重要任务。课程设置既要体现其工具性，又要发挥其人文性的重要作用。课程设置既要为专业服务，又要为学生的职业能力培养和可持续发展服务，促进学生知识、能力和素质的全面提高。

*1. 以人为本、因材施教*

高职院校设置英语课程，应遵循高职院校办学理念，以培养优秀英语专业人才为导向，坚持分类施教、充分尊重学生主体地位的原则，不仅要加强高职院校学生英语书面表达能力，更要开展多元化实践活动，增强高职院校学生英语口语交际能力。此外，高职院校英语课程必须体现评价反馈模式，将过程性评价和结果性评价贯穿教学全过程。

2. 实用为主、够用为度

语言可划分为传播方式，语言传播具有实际的价值意义。英语属于全球较为广泛使用的一门语言，高职院校英语课程设置必须体现英语语言的交际功能，通过基础的词汇、语法等理论教学，以多元化的英语实践活动为过程，增强高职院校学生英语语言的应用能力。现阶段，我国高职院校英语教学较为缺乏形式多样的实践活动，没有将“实用为主、够用为度”这一原则贯穿到英语教学的全过程。

3. 任务引领、项目教学

高职院校是以培养专业化的技术人才为中心任务的，这就对英语专业教学提出相应要求。在现阶段，我国高职院校英语课程设置应明确中心化的教学任务，体现高职院校课程设置的渐进性。虽然高职院校学生具备基础的英语理论结构框架，但由于高职院校学生基数较大，对英语语言的应用能力仍存在相应差异。为此，高职院校英语教师需坚持理论与实践相结合的理念，在中心教学任务的引领下，开展多元化的项目教学，丰富英语语言交际实践活动形式，将英语口语交际放置于社会情境中，体现英语课程设置的专业性。

4. 自主学习、持续发展

高职英语课程要坚持课堂教学与学生自主学习相结合，以培养学生的自主学习能力和终身学习能力。高职英语课程要注重语言学习的规律，在课堂上精讲多练，加强英语基本技能的训练和涉外交际活动语言应用能力的模拟训练。同时还要鼓励学生充分利用业余时间进行自主学习、参与语言社会实践，逐步养成适合自己的英语学习方法，培养自主学习和终身学习的理念和习惯，为未来的可持续发展提供不竭动力。

### （二）高职英语课程设置思路

高职英语课程承担着提高学生的英语应用能力、服务专业学习和培养人文素养三大功能。在内容深度上，遵循“以应用为目的，以必需、够用为度”。在内容体系上，按专业需求设计课程模块，模块间互相独立，形成“基础英语＋行业英语＋拓展英语”的课程内容体系。适应“互联网＋职业教育”新要求，推进信息技术与英语教学有机融合，开发和应用高职英语网络化教学平台和在线开放课程，开展翻转课堂和混合式教学，提高英语课程教学效果。引导学生结合自身实际，利用英语网络学习平台自主学习、自我提高，使不同层次、不同类型的学生能各取其需、各获其益，从而满足不同基础、不同学习能力和不同发展方向的学生的英语学习需求及专业发展要求。

高职英语课程设置既要体现高职英语的基础作用，还要满足不同专业对英语知识和能力的不同需求，为学生的专业学习提供支撑和保障作用。同时也要为学生英语应用能力提升、综合素质提高和个性化发展提供有效载体。

具体来说，高职英语课程设置要注意以下五个方面。

1. 课程目标综合化

应该明确，高职英语课程设置目标并非一成不变的，而是根据高职院校学生学习进度不断进行动态化调整的。高职英语教师应转变传统语言教学思维，改善单向性的语言理论教学，从实践角度出发，增强高职院校学生英语语言综合运用能力。

2. 课程结构多样化

培养高职院校学生英语语言素养，理论框架教学只是基础。随着我国课程改革的持续推进，培养学生实践应用素养已成为主要目标之一。这表明，传统的高职英语课程结构教学模式，已不适用于当前课程改革提出的目标和要求，高职院校英语教师需完善课程结构形式，满足学生多样化的学习需求。

3. 课程内容生活化

学习语言是为更好地促进人与人之间的沟通交流，这从侧面反映语言的生活交际特点。高职英语课程设置，必须考虑英语语言与实际生活密切联系的特点，强化高职英语课程设置实践导向，系统培养学生对英语语言的理解与表达能力。

4. 课程实施参与化

当前，我国部分高职院校仍较为注重传统的英语教学模式，以大量的词汇和语句积累为主，重复性的巩固练习导致学生课堂参与度降低。英语语言具有交际性，高职英语课程设置也应体现交际性，优化英语课程教学模式，提倡学生自主合作学习，提高学生英语课堂参与度。

5. 课程评价多元化

课程评价是课程设置的基础和导向。高职院校英语课程设置，应建立多元互动的评价体系，加强教师和学生之间的双向联系，多方面听取学生提出的意见和建议。同时，根据英语课程设置目标，从过程性评价角度出发，探索优化课程评价方式的措施，突出高职英语课程设置结果评价的价值。

高职英语课程五个方面的改变将促进学生知识、能力和素质的和谐发展和共同提高，使他们成为具有高尚品德、丰富知识、创新精神与实践能力的时代新人和高素质技术技能人才。

## 二、高职院校英语课程设置存在的问题

### （一）高职院校教师方面

高职院校英语教师，是英语课程设置的主体。高职院校英语教师对英语课程设置的思考和见解，很大程度上决定了高职英语课程设置的方向。现阶段，我国部分高职院校英语教师缺乏与学生的沟通和交流，导致英语课程设置显现相应的单向性弊端，由此使高职英语课程设置存在相应问题。

1. 教师职业倦怠

社会节奏渐进式发展，使社会中的人处于时刻更新状态。然而，由于知识的累积叠加，会使部分从业人群产生倦怠心理。根据相关统计，从事教师职业的人群会面临较大的职业压力，也更容易产生职业倦怠心理。这主要受两方面原因影响：一是学校各学科教研组对教师提出的工作目标任务；二是教学班级学生的学习氛围、学习进度等。对于高职院校英语教师而言，如何增强高职院校学生自主运用英语语言交际能力，是其教学工作的主要任务。在当前高职学生英语学习热情降低的趋势下，高职英语教师如果出现职业倦怠，反而会进一步加深学生对英语学习的逃避心理，这与高职英语课程设置方向初衷相背离，最终影响高职英语教学质量。

2. 师资配备不足

要想体现高职英语课程设置的科学性特点，就需多方面考虑高职英语教师的意见和建议。然而，当前我国高职院校英语教师教学能力存在显性差异，这并不

是说高职院校英语教师不具备教学能力，而是高职英语教师并没有最大化地将自身教学特点发挥出来，没有合理化地运用于高职英语课程教学中，最终导致高职英语课程教学效果不太理想。此外，在针对专业化的英语教学讲解中，高职院校英语教师仍停留在较为宽泛的基础讲解阶段，只是针对基础的词汇语法进行梳理分析，并没有从实际应用角度进行特定整合。而随着高职英语课程教学任务的深化和细化，对高职英语教师的需求也在进一步增大，但由于师资配备不足，导致高职院校英语课程改革不太理想。

3. 师资力量不足

高职英语课程设置，要求高职英语教师必须具备基础的沟通素养，即能够有效增进自身与学生之间的沟通交流。特别是在高职院校英语教学理念的指导下，培养英语专业素养较高的人才，要求高职院校英语教师必须转变思维观念，编写指导性强、具有实践依据的英语课程教学大纲。这两方面就对高职院校英语教师队伍提出一定要求。然而，目前我国高职院校英语教师队伍结构仍存在断层现象，即缺少一批专业素养较高的青年骨干教师队伍，不能更好地适应高职英语专业发展方向。正是因为高职院校英语师资力量不足，才对高职英语课程设置改革产生较为消极的影响。

### （二）高职院校方面

由于高职院校办学规模不一，从而使高职院校之间软硬件设施存在差异。例如，部分高职院校办学规模较小，所能提供的教学场地有限，从而影响专业课程设置。此外，高职院校办学理念存在差别，也会影响高职专业学科设置。以高职英语课程设置为例，部分高职院校会倾向重视培养英语专业方面的人才，所以会在英语课程教学方面加大对师资力量的投入，并予以相应的社会实践活动支持，这就会使该类型高职院校英语课程设置结构更加科学合理。现阶段，从高职英语课程教学整体情况来分析，高职院校学生英语专业素养与社会人才需求不相匹配，这其中就与高职院校英语课程设置结构有关系。针对此种问题，高职院校英语课程改革必须从主体出发，完善软硬件设施配备条件，改善高职英语课程教学实际成效。

1. 未从实际出发设定英语课程

高职英语教学对象是在校学生，因此高职院校英语课程设置应符合在校学生的身心发展特点。当前，我国部分高职院校英语课程设置仍未充分尊重学生主体地位，高职英语教师依然是英语课程设置的主导者，这最终会影响英语课程设置的实际效果。现阶段，高职学生主动学习英语的需求存在差异，但即便是对英语学习心理需求较高的学生而言，主要是以完成学业目标为出发点，同时也带有一定的就业倾向性，并没有产生实际的兴趣爱好。因此，高职院校英语课程设置如果仅体现单向教学特点，反而会制约学生积极学习心理的形成。应该明确的一点是，高职英语课程本身就具有较强的实用功能，高职院校英语教师需要从实际出发，结合高职院校学生身心发展特点，开展形式多样的英语教学实践活动。

2. 教学模式和课程管理不科学

学生应该是课程教学的主体参与者，在提倡学生为主体的素质教育背景下，高职院校英语课程教学需充分尊重学生的学习需求，根据学生英语学习差异，设置个性化的英语课程教学模式。而在当前部分高职院校英语课程教学阶段，高职英语教师对学生学习情况掌握较少，缺乏合理的教学模式分析，从而影响最终的英语课程设置。高职英语课程设置应该具备渐进性特点，即按照阶梯推进的形式完善英语课程教学内容，然而我国部分高职院校英语课程设置仍缺乏灵活性，英语教师往往会根据学校课程教学方案开展教学，而不是考虑学生实际学习进度，这最终也会影响英语课程的教学质量。

### （三）社会影响方面

高职院校英语课程设置应该偏向社会实践，注重强化高职院校学生的英语交际能力。但根据我国当前高职院校英语教育现状，高职英语课程设置较重视基础理论讲解，通过输出大量的词汇和语法知识，构建以考评测试为结果的英语框架体系，从而与高职英语课程设置初衷相背离，这在一定程度上影响高职学生的英语语言应用水平。此外，当前我国部分高职院校英语课程设置模式单一，较为忽略学生在课程设置中的主体地位，从而导致英语课程设置结构与英语教学方向不相适应。当然，为提高高职院校英语专业学生的就业水平，高职教育管理人员应主动寻求和社会企业或中小学校合作。但由于高职院校英语课程设置不合理，较少培养学生英语口语交际技能，进而使英语专业学生学习成果与社会发展需求不相匹配，这就影响了高职院校学生学习英语的热情，降低了英语课程教学质量。

# 第三节　高职院校英语课程设置方法

## 一、高职院校英语课程的不足需改进

根据当前我国高职院校英语课程设置现状，改进高职院校英语课程设置方法，需依据两点考虑。第一，考虑社会发展需求。高职英语课程设置目的，就是为社会培养英语专业素养较高的人才，而社会层面对英语专业的需求方向，就是高职院校英语课程设置的主动依据。第二，考虑学生主体差异性。高职院校学生英语学习能力存在差距，也就是说高职院校学生英语水平不存在绝对的平衡性，所以高职院校英语课程设置人员，需综合考虑高职英语必修与选修的教育内容、方向与要求，要想体现高职英语课程设置的个性化特点，就要从选修与必修两个方面加强高职英语课程教学的专业性和实效性。此外，为保证高职英语课程设置的科学合理，应该具体研究英语课程选修与必修的教学结构，优化高职英语课程教学质量。

不同的语言表达形式，本身就具有不同的表达内涵。高职英语课程设置必须体现语言教学的独有特点，展现英语语言传播的魅力。实现这一要求，就需要高职英语教师多方面搜寻优质课程资源，在重视高职英语课本资源讲解的基础上，发挥课外辅助资源的课程教学优势，让高职学生积极参与英语口语交际活动，增强高职学生英语学习的主动性。

（1）倡导学生自主学习

高职英语课程设置方向，是突出英语语言的交际能力。对高职院校英语教师而言，如何将碎片化的词汇和语法，串联成具有实际表达意义的语言形式，是最重要的课程教学目标。从这一角度分析，高职院校英语课程教学旨在培养学生的语言应用能力，高职学生应该具备基本的英语口语表达素养。提升高职学生英语口语交际水平，首先应具备宽松的、互动氛围浓厚的学习环境，设置英语课程多元互动教学模式，提倡学生自主参与形式多样的语言交流活动，鼓励高职学生积极思考英语语言交流的形式，通过互动解决自身在英语口语交流中的问题。只有让学生亲身参与各种形式的英语交际活动，高职英语教师才能掌握学生主体间的学习差异，进而为改进高职英语课程教学不足之处做准备，优化高职英语课程教学模式。

（2）实践英语课程地位重要性

当前，我国高职院校英语课程设置越来越重视实践教学的地位。多种形式的英语课程教学实践，如英语课外互动实训、英语户外活动拓展等内容，对锻炼高职院校学生英语表达思维具有很好的帮助作用。但从当前高职院校设置的英语课程实践过程来看，英语实践活动方案缺乏相应的指导性，即忽略了高职英语教师对学生的指导作用。虽然高职院校英语课程教学能够重视学生的主体性，但在课程的教学过程中，如果缺乏教师的实际指导，则会降低高职英语课程的教学质量。

（3）英语课程设置的综合性

高职英语课程设置结构应打破单一局面，体现多元互动特点。高职院校学生具有较强的个性意识，他们更加倾向在课堂中与学生或教师实现交流互动。所以，对高职英语课程教师而言，要主动寻求课程教学模式的转变，采用双向互动、小组合作的课程教学方法，培养高职学生对英语语言思维表达的思考能力，重视发展高职学生英语口语交际技巧。此外，高职院校英语教师，应该综合融入多种英语教学元素，激发高职学生学习英语语言的兴趣。

（4）英语课程反映社会需求

高职英语课程设置方向要和社会发展需求相适应。从高职院校办学特点分析，高职英语课程教学目标，是为社会培养优秀的英语专业人才，包括用于各种职业的语言交流人才。社会发展需求的变化，会引起高职英语课程设置方向的变化，这也说明高职英语课程设置具有动态调整特点，需不断优化高职英语课程教学模式和内容。

（5）社会参与度高

高职英语课程设置主体应涵盖多方面，不仅包括高职英语教师，还应包括高职院校学生和社会业界人士。单方面的设置方案会降低高职英语课程教学的适用性，不利于改革高职英语课程教学模式，如果多方面听取或借鉴优秀的意见、机制，则有助于改进高职英语课程设置的弊端，完善高职英语课程教学过程，发挥高职英语课程教学结果导向的实际价值。

## 二、高职院校英语课程设置发展对策

高职院校课程教学方向具备专业培养特点，特别是在当前高职院校课程教学改革进程中，更加强调学科专业设置与社会人才需求相挂钩。高职英语课程设置应体现教学应用价值，不能仅是为高职院校学生输送讲解理论知识，还要寻求与社会机构的多种合作方式，充分体现高职英语职业教育的特色。当前，我国高职院校英语专业就业方向较为单一，面临着较为严峻的就业问题。针对此情况，高职院校英语课程设置应突出多元教学特色，开展理论与实践相结合的语言应用活动，建立英语专业人才培养体系，强化英语课程教学内容，更好地满足社会对英语专业人才的实际需求。应该认识到，目前部分高职院校英语专业的学生存在对就业充满未知的心理，这种较为负面的心理会影响他们学习英语课程的态度。为此，综合设置高职院校英语课程教学方案，首先应解决高职英语专业学生所产生的疑惑心理，定期举办多元交际的英语语言交流活动，并通过多种形式的课程讲座，培养高职英语专业学生的自信心。其次，高职院校英语课程设置体系，还需要参照社会职业发展体系。

当前，我国经济结构正在经历转型阶段，社会职业发展体系也处于相应调整优化阶段。在这一背景下，高职英语课程设置应呈现动态调整的特点，深化高职英语课程教学与社会实践相结合的模式，培养高职学生综合实践认知素养。此外，为使高职英语课程设置更具科学性，高职英语教师需建立多元评价反馈机制，优化师生、生生互评机制，根据学生对教师课程设置反馈，做出有针对性的调整。当然，高职院校英语教师仍需把握一点，也就是应该清楚高职学生学习特点，细化英语课程设置原则，按照个性化教学方式，培养高职院校学生英语学习的兴趣。

（1）进一步明确英语课程教学目标，注重与专业英语接轨

高职院校学生具备基础的英语学习能力，已经掌握了一定的词汇和语句积累，并熟悉基础的语法结构。但仅能用英语书面表达，难以适应社会职业发展需求，更不符合高职院校英语课程教学方向。如果从学科专业划分角度分析，针对非英语专业学生教学，高职院校英语教师应设置类型化的课程教学内容，要求学生掌握基础的语言交际能力，并熟练掌握本专业内的英语词汇和语句。针对英语专业学生教学，高职院校英语教师应设置专业化的课程教学内容，重视对英语专业学生的口语表达技巧训练，要求学生熟练掌握书面语和口语表达方式，增强高职英

语专业学生的语言应用能力。高职英语课程的教学目标就是为社会各个行业领域培养所需的英语专业人才，这就要求高职英语专业需细化课程设置，体现高职英语专业教学学科化、应用型特点。高职基础英语课程教学是培养学科专业人才的保障，高职院校学生必须掌握一定的英语基础知识，这样才能更好地将其用于日常表达沟通中，顺利推进包括职业教育在内的规模化发展。

由于我国高职院校办学时间、办学规模等存在差异，致使我国高职院校英语课程设置目标也存在相应差异。例如，办学特色鲜明的高职院校，其英语课程专业设置结构合理，目标具备层次性。然而，部分高职院校缺少对英语课程设置的系统规划，这也影响英语课程设置的实际价值。如果仅针对高职院校学生开展英语课程基础教育，会降低高职院校学生的英语语言应用水平。为此，要改变这一现状，高职院校就要系统规划英语课程设置体系，体现英语课程教学方向和实际价值。

（2）完善以强调学生听、读能力为主，促进说、写能力提高的英语课程标准

英语语言具有逻辑输出和表达的特点，掌握英语口语交际技巧，首先要具备基础的英语听读能力。听和读虽然是两种不同表现形式，但在听和读的共同作用下，人能够更加便捷地获取信息。只有准确地理解对方传达的信息内容，我们才能将自身的意见或想法通过说、写这两种形式反馈给对方。从这一角度分析，说和写又是推动语言交际发展的关键环节。过于重复的读和听，虽然会提升人对信息的感知力和记忆力，但如果长期使用此种形式，则会消磨人的耐心，进而降低人对接收信息的欲望。因此，高职英语课程设置，首先要考虑高职学生对英语知识的接受程度，也就是尊重高职学生在学习过程中的主体地位，合理分配管控高职英语课程教学时间，保证学生能够有效吸收相应的词汇量和语法知识。在此基础上，高职院校英语教师需考虑强化学生的说、写能力，也就是加强对学生英语口语表达和书面表达的训练，需要注意的是，高职院校学生大多已经具备基础的书面表达能力，但英语口语表达能力却较低。为此，高职英语课程设置需综合考虑对英语口语交际内容的安排。

评价高职英语课程设置是否科学合理，应该考虑其对学生的适用性。高职英语课程教学应该注重夯实学生语言理解基础，多方面训练学生的听读能力，然后以听读能力为基础，开展具有实践性的书面和口语表达训练活动，组织学生积极

运用书面语和口语展开交际。曾有研究分析，学生在学习第二语言时，会表现较为明显的抵触情绪，而化解这种抵触情绪的关键，就是训练学生的理解认知能力。因此，高职英语课程设置，应该考虑对非专业学生听读能力的培养。具体来说，针对高职院校非英语专业学生开展的听、读训练，可打破时间和空间的限制，不对学生听英语或读英语的方式做出限制，但应划定最低听、读标准。此外，创设良好的语言教学环境，也是听、读基础训练的保障。如果仅从课堂教学环境中，要求非专业学生加强英语听、读训练，不会产生实际效果，要让学生自主加入英语听、读学习环境中，养成自主听、读英语的习惯。然而，目前我国高职院校较为缺乏这种语言学习环境，这也是重点需要解决的问题之一。良好的感知力是语言表达的前提，在培养高职非英语专业学生语言听、读能力后，既要培养非英语专业学生的说、写能力，也要培养英语专业学生的说、写能力，只不过，对非英语专业和英语专业学生的要求有所不同，但说、写能力的提高，需要高职英语教师设置多种形式的实践课程，在组织语言表达实践活动中强化学生的交际能力。

针对高职英语课程设置方案，教育部及有关部门就明确提出具体化的要求，即高职院校须认真落实办学理念，根据办学规模和特色科学设置学科课程，转变学科课程教育模式和教学理念，以社会职业领域发展需求为导向，培养专业领域内的优秀学科应用型人才。为此，高职院校需重点强化职业教育方向，加强对高职英语课程设置的职业应用规划，在基础理论教育的基础上，开展多种形式的英语口语交际活动，充分挖掘课内外优质课程资源，设置高职英语课程会议讲座，强调发展高职英语专业学生理论与实践综合发展，更好满足社会各职业领域发展需求。

（3）高职英语课程设置应具有关怀性

尊重高职学生主体需求，是高职院校课程改革的要求之一。为此，高职英语课程设置应该充分展现学科特点，既要重视对高职院校学生的基础理论知识讲解，又要组织高职院校学生积极参与英语交际活动。在课程教学过程中，高职英语教师可以在多个层面强化学生的认知思维，满足学生对课堂互动交流的需求意愿。

我国高职院校英语课程设置改革，可积极借鉴国外优秀先进经验。在做到“以我为主”的同时，探索国外针对外语课程设置的成功案例，从中汲取先进经验，进而实现“为我所用”的目标。通过查阅相关学术著作，可以发现国外高校在针对语言教学时，常会尊重学生的主体地位，教师会充分挖掘学生的语言学习优点，并采取个性化的教学方案，将学生的这一优点释放出来，进而培养其语言交际能力。此外，国外高校会根据学生对语言学习的要求，设置对应的课程教学方法，通过营造良好的语言学习和交流环境，提升学生对学科的学习兴趣。因此，我国高职院校英语课程设置须体现创新性，既要继承传统课程教学的优势之处，又要探索新型的课程设置方案，以提高高职院校学生的学习兴趣和学习自主性，进而推动其自身语言交际能力的发展。

# 第三章 高职院校英语课程建设与改革

当前大学英语的目标是培养学生的英语应用能力，增强跨文化交际意识和交际能力，同时发展自主学习能力，提高综合文化素养。培养目标的实现需要高职院校进行英语课程的改革和建设。本章主要就高职院校英语课程建设与改革进行详细的论述，分别从高职院校英语课程资源建设、高职院校英语课程体系改革以及对高职院校英语课程评价的探索三个方面展开研究。

## 第一节 高职院校英语课程资源建设

### 一、课程资源的含义及建设意义

#### （一）课程资源的含义

课程资源是指辅助课程教学顺利开展的内容总和，课程设计、课程实施和课程评价都会用到课程资源。粗略来看，课程资源可以简单概括为校内资源和校外资源，如果细分，则包括课程教学全过程中用到的人力、物力和财力。因此，课程资源可以被视为教育资源的一种，具有可持续利用的价值，也具有创新性特点。课程资源可以保证课程教学顺利开展，但需要教师依据特定的环境合理分配。如果课程资源匮乏，则会影响课程教学时效，降低学生对该课程的学习兴趣，最终不利于课程建设的持续性推进。为确保课程资源使用情境合理，教师需要掌握课程资源的特点，由于课程资源涵盖范围广，这就使得课程资源具有多变性特点。因此，教师在使用课程资源前，应该考虑课程资源与教学目标、教学情境等是否相适应。

### （二）课程资源建设的意义

1. 满足现代化英语教学的需求

英语课程教学旨在培养学习者英语语言素养。这表明，英语课程教学具有明确的导向性，即通过传播大量的词汇语法等知识，帮助学习者确立语言逻辑框架。高职学生已经具备良好的英语基础，如果仅依靠传统的英语教材进行知识讲解，难以适应高职学生多元化的学习需求，不能保证英语课程教学效果。为此，开展高职英语课程资源建设，可以有效拓宽英语知识讲解范围，并且从不同层次、不同角度开展个性化课程教学，还可以增加高职学生对英语课程的学习体验，为学生提供更加有益的自主学习资源，为实现英语课程教学目标奠定基础。

2. 能够促进教师的专业化发展

课程资源建设，要求教师必须具备搜寻优质课程资源的能力。在网络平台的推动下，高职英语课程资源的来源范围越来越广，呈现复杂多样的特点，这就要求教师要认真鉴别课程资源性质，保证英语课程资源符合学生学习特点。从这一点来分析，高职英语教师对课程资源建设的过程，就是自身职业素养不断提升的过程。在此推动下，高职英语教师会形成系统的课程资源建设思维，进而将其有效地运用于课程教学全过程。

3. 有助于培养有创造力的人才

学生是课程资源的接收者，学生对课程资源建设的评价，会影响教师选择课程资源的方式方法。为保证课程资源建设的质量，教师需引导学生对课程资源建设做出反馈，并鼓励学生加入课程资源建设过程中来。这样不仅能够保证课程资源的使用效果，而且还能改善英语课程教学氛围，培养学生自主学习能力，进而提升英语课程教学质量。

## 二、影响英语课程资源建设的因素

### （一）课程目标

课程目标是课程实施的重要依据，对于课程资源建设具有重要的指导作用。一方面，课程资源是否丰富，资源是否适用，直接影响到了课程目标的实现；另一方面，课程目标也制约和影响着课程资源的开发。在不同的课程目标的指导下，开发出来的英语课程资源也会有显著差异。

传统的英语教学比较重视英语知识与英语技能这一目标，教师在这一课程目标的指导下进行课程资源的开发。近年来，高职院校英语教学改革不断深化，传统的课程目标也开始向着三维目标的方向转变，即知识与技能目标、情感态度与价值目标和过程与方法目标。在三维课程目标的指导下，教师不再简单地将注意力集中在知识资源建设方面，而是将探究的范围进一步扩大到了活动、经验等资源的建设和开发中。课程目标是重要的导向标，课程资源开发必须紧密围绕课程目标展开，这样才能更好地发挥课程资源的作用。

### （二）课程资源的特点

一般来说，我们可以将课程资源划分为文本型课程资源、实物型课程资源、信息型课程资源和活动性课程资源几个大类。不同种类的课程资源具有不同的特点，直接影响到课程的实施效果。文本型课程资源系统性较强；实物性课程资源较为直观和形象；信息型课程资源突破时空限制，具有极强的灵活性；而活动型课程资源具有体验性和感染性。在开设和建设大学英语课程资源时，要综合考虑各类课程资源的特点，再根据需要将这些课程资源进行有效重组，以保证课程资源开发的有效性。

### （三）教师的特质

高职英语教师在英语课程资源建设中发挥主导作用，高职英语教师的教学思维、师生观念及课堂风格，会对英语课程资源建设方式方法产生影响。例如，针对高职院校学生英语学习特点，高职英语教师会根据自身课堂教学风格，选择适合课堂教学环节开展的课程资源。在高职英语课程资源建设过程中，高职英语教师不仅需要从自身教学特点考虑，还需要综合考虑学生的学习特点，根据学生英语学习能力差异，开发具有适用班级全体学生的课程资源，引导学生积极参与英语课堂互动。目前，高职英语课程资源呈现多元融合发展趋势，高职英语教师可以在整合多元化的英语课程资源过程中，从中挖掘具有学科特色的教学内容，辅助高职学生更好地运用英语语言开展交际活动。当然，作为高职院校英语教师，需要主动寻求与学生的互动交流，引导学生对英语课程资源建设进行评价，根据学生的课程资源建设反馈，调整自身整合方法路径。

### （四）学生的特质

大学英语课程资源建设和开发最终是为提高学生的英语应用能力服务的，而且，学生本身也是一种重要的课程资源。因此，在开发和建设大学英语课程资源时必须充分考虑学生的特征，包括但是不限于学生的兴趣爱好、学习基础、学习习惯等。每个学生都有自己固有的学习习惯和学习基础，这些必须得到正视。教师要在充分调研的基础上确定学生的发展基础和差异，进而为其选用合适的课程资源。比如，有的大学生比较腼腆内向，不善于沟通表达，那么诸如英语话剧表演、英语辩论等英语实践活动就不适合他们；有的大学生比较热衷于时事新闻，那么将英文报纸、英文新闻广播类的教学资源应用于教学过程就会取得事半功倍的效果。

## 三、英语课程资源建设需注意的问题

### （一）师生互动和合作有待提高

高职英语课程资源是服务于英语课堂教学的有效内容，学生是英语课程资源的主要接收者和使用者。在建设高职英语课程资源过程中，高职英语教师如果未能尊重学生的主体地位，则会影响学生对英语课程资源吸收、理解的效率。因此，高职英语教师需要建立课程资源建设评价反馈机制，根据学生做出的课程资源建设评价，调整英语课程资源建设模式，从而提升英语课程资源使用效率。在网络信息时代，高职院校学生会主动利用网络课程资源，从中探索适合自身学习特点的教学内容。为此，高职院校英语教师可以引导学生参与英语课程资源建设，根据他们对英语课程资源建设的见解和认知，形成多元英语课程资源教学结构。目前，我国高职院校学生学习方式已经发生改变，传统的课堂教学资源已不再是获取知识的唯一途径，丰富多样的网络课程资源，成为高职院校学生获取知识的新途径，高职院校英语教师更应该利用学生的反馈，及时调整英语课程资源建设思路。

### （二）过于依赖网络课程资源

虽然丰富多样的网络课程资源，为高职英语教师教学和学生自主学习提供了帮助，但是过度从网络课程资源中搜寻内容，反而会降低高职英语课程教学互动性，影响传统课本资源的使用价值。当前，我国高职英语课程资源建设存在一定的矛盾，主要表现为网络课程资源与传统课程资源的使用矛盾。如何解决这种矛盾关系，是推进高职英语课程资源有序建设的关键。应该明确的是，虽然网络会为高职学生提供个性化的英语课程资源，但如果过度引导学生利用网络课程资源自主学习，则会降低教师在课程教学中的地位，反而不利于英语课程教学的良好开展。当然，传统的单一课程资源教学模式，也会降低高职学生学习兴趣，同样也会影响高职英语课程教学质量。为此，高职英语教师可将课堂教学资源、网络教学资源和社会教学资源相结合，丰富英语课程资源建设路径，满足学生英语学习需求和体验。

### （三）对校园课程资源利用率低

面对高职院校学生英语学习氛围降低的状况，探寻多元英语课程资源建设模式，已成为当前高职英语课程教学改革的主要任务。过度使用传统英语课程资源，或过度使用网络英语课程资源，都不利于英语课程教学的良好发展。为此，高职英语教师可尝试寻求挖掘校园课程资源，如校园图书馆、校园英语社团组织等，引导学生积极从校园课程资源中获得英语知识，从而加深其对英语学习过程的体验感。高职院校也要积极建设多种形式的校园课程资源，增加校园课程资源开放与使用时间，满足学生对校园课程资源的使用需求。当然，高职院校学生需要转变自身学习观念，不能仅利用单一性的英语课程资源，这样会对个人学习心理产生一定的消极影响，最终降低个人英语课程学习效率。

因此，高职院校英语课程资源建设，必须强化高职院校管理层、教师和学生的思维意识，推动高职院校管理层与教师的共同合作，引导学生积极利用多种英语课程资源，改变传统单一的英语课程资源建设模式，不断优化高职英语课程资源建设。

## 四、英语课程资源建设的方式

### （一）提高英语教师的课程资源开发能力

高职英语教师可根据自身教学经验对课程资源质量进行判断，但由于缺乏较为系统的课程资源整合能力，所以会影响英语课程资源建设效率。在英语课程资源形式日益多元的背景下，高职英语教师的教学观，会影响自身对课程资源类型的选择。为此，高职英语教师要积极形成新的教学观念，尝试寻求传统英语课程资源与新兴英语课程资源的融合，以此改善高职英语课程教学质量。

当然，高职院校对英语教师的支持与否，同样会影响教师自身对课程资源建设的态度。综合来看，高职院校可以引导、鼓励教师积极参与英语课程资源建设，组织高职英语教师加入英语课程教学讲座，从中汲取优秀的、先进的英语课程教学经验。此外，高职院校需要帮助英语教师提高信息技术应用素养，通过开展多种形式的信息技术教学培训，转变高职英语教师教学观念，提倡适当运用网络课程资源开展英语教学，改善高职英语教师知识整合意识。因此，高职院校对英语教师的鼓励和引导，能够优化高职英语课程资源建设路径。

### （二）构建英语课程的学习资源库

在网络数字技术的支持下，高职院校学科教学模式得到优化。完善高职英语课程资源建设模式，需要运用网络数字技术，构建新型的英语课程学习资源库。高职院校学生具备运用网络平台搜寻课程资源的能力，可如何优化高职院校学生搜寻网络课程资源的效率，需要高职院校管理者和教师的共同推动。为此，高职院校管理者可尝试开发网络课程资源学习库，建立网络课程资源共享平台，帮助学生解决网络课程资源获取缓慢、效率低下的问题。此外，高职英语教师可以尝试构建学习氛围浓厚的环境，保证学生能够在良好的学习环境中，积极运用网络等课程资源开展自主学习。高职英语教师还可以积极完善英语课程资源库内容，寻求英语课程资源平台的共建共享，为学生提供集音视频、图文为一体的英语课程资源。同时，高职英语教师要做好对课程资源建设的把关，深度整合优质英语课程教学资源，加入教师对英语课程资源的点评分析，并将互动性问题引入课程资源中，增进高职院校学生对英语课程学习的兴趣，提高英语课程资源建设的质量。

### （三）多渠道挖掘高职英语课程资源

高职英语课程设置的目的，就是为增进学生的语言应用能力。高职英语课程具有较强的实用性，开展高职英语课程教学，既需要基础的词汇和语法等基础理论知识讲解，又需要通过多种语言交际活动来巩固英语学习基础。为提升高职院校学生英语交际能力，高职英语教师应拓宽课程资源讲解范围，深化课程资源讲解程度，从多方面搜寻优质的高职英语课程资源。优质的英语课程资源，不仅来源于课本或辅助资料中，更来源于形式多样的实践活动中。为此，高职英语教师可鼓励学生加入包括校园社团在内的组织，利用有益于自身发展的英语资源让学生从实践活动中学习。总之，随着高职英语课程资源的增加，高职英语教师需要提高鉴别力和判断力，既要以多种途径搜寻、挖掘高职英语课程资源，又要保证高职英语课程资源整体质量。

## 第二节　高职院校英语课程体系改革

### 一、传统英语课程体系概况

#### （一）中国大学英语的发展历程

我国高等职业院校英语学科建设历史较短，课程结构设置也在不断演化。自中华人民共和国成立后至 20 世纪 80 年代中期，我国高等职业院校英语学科建设就处于艰难发展阶段。随着我国改革开放进程的推进，我国高等职业院校课程结构设置日趋成熟，英语学科建设逐渐与国际接轨。20 世纪 80 年代后期至今，我国高等职业院校英语学科建设可划分为三个阶段，并且在教育部门对英语教学大纲的改革推动下，高等职业院校英语课程结构逐渐完善成型。

按照国家教育部门颁布的教学纲要文件，自 20 世纪 80 年代中后期开始，至 20 世纪 90 年代末，这一时期可被视为高等职业院校英语课程结构完善的初始阶段。此时期，国家高等职业院校较为重视对学生英语交际能力的培养，而从课程结构分析，国家高等职业院校通过基础培训和巩固提升两种方式，增强学生对英语的学习和应用能力。当时，由于高等职业院校学生接触英语的层次有所不一，故推行分层式英语教学。随着全国高等职业院校学生英语水平的提高，部分高等职业院校尝试推行英语选修教学模式，但受师资规模等因素限制，我国高等职业院校学生英语语言交际能力仍处于基础发展阶段。

21 世纪初期，我国高等职业院校逐渐重视对英语专业人才的培养，高等院校课程结构也得到调整优化，以基础必修课和选修课为形式的英语课程结构，在全国高等职业院校中得到推广。这种英语课程结构形式，符合社会对英语专业人才的需要，但是由于处在调整期，故存在相应问题。最具明显的莫过于基础必修课学习时长问题，由于高等职业院校针对学生必修课程的严格要求，导致部分学生对学习英语课程产生抵触情绪，这也影响学生对选修课的学习热情。

自21世纪初期开始至今，随着我国对外开放程度的加深，我国对外贸易进出口总额不断增加，这也使社会各行各业更加需要英语专业的人才。在此背景下，我国高等职业院校更加重视培养英语复合型人才。而在国家教育部门颁布的高等院校英语课程教学标准指导下，我国高等院校英语课程结构更加细化，具体可分为综合英语、语言技能、语言应用、语言文化和专业英语五部分，由此使高等职业院校英语课程形成多元结构教学体系，满足了各阶段水平的学生学习英语语言的需求。随着高等职业院校生源规模的逐渐扩大，英语课程教学团队也在逐步增加，这是高等职业院校英语课程结构多元发展的基础。此时期，高等职业院校英语课程结构改革逐步向深度发展，学生主体地位得到增强，教师教学方式方法更加多样化，同时英语选修范围也随之扩大。

### （二）传统英语课程体系的不足

#### 1. 英语课程忽视人文素养培养

英语语言具有交际传播功能，可以促进人与人之间互动交流。高职英语课程教学是为社会各行业培养英语专业人才，但是由于多数高职院校学生较重视学科考试成绩，从而影响他们对英语学科人文素养的重视程度。在目前高职院校英语课程教学中，高职英语教师会为学生讲解大量的词汇和语法知识，学生也能够运用英语语言开展人际交往活动。但仅让学生认识语言的功用性特点，难免会有些片面。因为语言本身就具有互动传播的特征，语言交流也是不同国家、民族和地域间的文化交流，高职英语课程教学应该让学生认识语言的人文性特点，培养高职学生的语言文化素养。

#### 2. 英语课程与学生专业联系不紧密

随着高职英语课程改革的深入，高职英语课程体系逐渐完善，高职学生语言应用素养正在逐步提升。但在高职英语课程体系建设过程中，仍存在部分显性问题。以高职英语课程教学目标为例，我国高职院校英语课程教学目标，是以培养学生的语言交际能力为主，通过传统听、说、读、写的基础训练，以此巩固学生英语语言基础，但对于后续的实际应用存在较为明显的欠缺。此外，高职英语课程评价体系仍以教学评价为主，重视通过考试测评等形式考核学生英语学习水准，这种传统的评价体系带有明显的倾向性，即呈现重理论轻实践的弊端。高职院校英语课程教学应该围绕专业型人才培养开展，将学生所学的英语基础知识用于社会实践中，推动社会各行业领域的发展，避免出现课程教学与实际应用不相适应的局面。

3. 基础性课程与应用性课程比例不当

随着我国基础阶段英语教学水平和质量的不断提升，大学新生的英语水平也明显提高。当前，部分高职院校英语课程教学仍存在失衡的问题，即英语课程基础理论讲解与实践应用比例不相匹配。虽然英语课程基础知识讲解必不可少，但高职英语课程教学必须优化应用型课程的比例，倡导高职院校学生积极参与英语交际活动，培养其英语语言应用交流意识。同时，高职英语课程设置应该强化实践指导，重视教师在语言交际活动中的指导作用，加强学生英语语言逻辑思维，增强学生对应用型英语语言的学习兴趣。

## 二、英语多元化课程体系建设理论依据

随着我国经济社会的不断发展，社会对大学生的英语综合应用能力以及他们的综合素质的要求也在不断提高。传统的大学英语课程体系比较单一，缺乏能够满足学生发展的选修课程，难以满足学生个性化需求以及社会对于日常培养的要求。因此，依据教育学、心理学、语言学的科学理论对现有的大学英语课程体系进行针对性的改革就显得十分迫切和必要了。

### （一）多元智能理论

1983 年，美国哈佛大学心理学家霍华德·加德纳（Howard Gardner）提出多元智能理论。根据加德纳的观点，人在面对具体问题时，能够根据问题的趋势走向调整解决思路。同时，人可以根据问题情境变化情况，思考问题产生的源头，并创新性地提出新问题的解决策略。此外，在面对同种文化现象时，人总能从中挖掘文化的本质，并将文化具有的价值功能记录下来。如果将多元智能理论与英

语课程体系建设结合分析，教师需要充分挖掘学生的闪光点，以全面的眼光分析学生的优势特征，鼓励学生运用自身优势学习课程内容，促进课程教学的有效发展。

### （二）人本主义理论

美国心理学家马斯洛和罗杰斯共同提出人本主义理论，根据他们的观点，学习过程更加强调学习者的主体地位，即教师应该站在学生的学习立场看待问题，分析学生在学习过程中的特点。在该理论的指导下，教师应该尊重学生的内在学习特征，并为学生创设宽松、互动的学习环境，实现学生学习的主体价值。教师应该使学生认识自己与他人的区别，学会以个体的视角看待问题、分析问题，进而养成解决问题的能力。

### （三）建构主义学习理论

建构主义学习理论认为学习的过程实质上是学习者根据自身经验主动建构的过程，学习者才是学习的中心和主体，教师充当的是组织引导者的角色。除了强调学习者的学习主体地位以外，建构主义学习理论还强调了情境创设和协作学习对于知识构建的重要意义，鼓励学生利用各种教学资源主动探究建构知识。

### （四）后现代主义教学观

后现代主义教学观批判传统的教学理论，认为学生和教师是处于“平等中的首席”。批判传统教学中教师的绝对权威地位，主张以师生的平等对话代替教师的单向灌输，主张营造民主自由的学习氛围，让学生在这种宽松的氛围下自主学习，最终培养学生的创新能力，使得学生成长为社会所需要的综合型人才。

## 三、英语多元课程体系建设面临的问题

### （一）传统的教学理念根深蒂固

传统的教学理念根深蒂固，专业高素质的教师人才数量明显不足。

首先，传统的教学理念根深蒂固，绝非一朝一夕可以改变的。如何让教师真正认识到学生的个体差异性，如何让教师适应多元课程体系下师生关系和师生角

色的定位，这是英语多元课程体系建设面临的重大问题。再者，多元课程体系的建设要三管齐下，基础英语、通识英语和专门用途英语要同时开展，这对教师的知识体系的更新能力和专业能力要求极高，许多新兴的教学模式也对教师的学习能力、科学技术驾驭能力提出了许多新的要求。而满足这些要求的专业的高素质的教师人才的数量是远远不够的。虽然各个高职院校都在不断加大培训，积极引进人才，但是在未来很长一段时间内，优秀教师人才数量短缺的局面将不能得到根本缓解。优秀人才的匮乏将在很大程度上制约大学英语多元课程体系的建设。

### （二）教学管理水平有待提高

当前，高职英语多元课程体系建设缺乏相应的政策支持，没有形成较为明确的管理目标和管理制度。针对高职英语课程教学形式，高职院校课程管理人员应该细分模块教学任务、选修课程教学要求、年级课程教学目标等区别，落实高职英语课程教学原则，为培养高职英语专业人才夯实基础。但结合高职英语课程管理现状，目前针对高职英语选修课程的建设仍存在不足。高职英语选修课程建设，本意是为增加高职学生学习选择范围，满足不同层次、不同水平学生的学习需求，但由于缺少具体的管理措施和机制，高职英语选修课程建设与必修课程建设存在脱节。还有一点值得注意，就是高职英语选修课程与英语专业课程教学内容存在重复，这样不但影响高职学生英语学习兴趣，还会浪费必要的师资力量。另外，高职英语选修课程考核标准与专业课程考核标准存在冲突，传统的试卷内容考核致使学生学习压力增大，反而会消磨学生选修英语课程的心理。面对此类问题现状，高职课程建设管理人员应该制订相应改革措施，完善高职英语课程建设体系。

### （三）多元课程体系的教材匮乏

在为多元课程体系选择教材方面，教师的权限较大，选择也较为随意，这就引发了不少的问题。例如，我们许多教材都直接取材于欧美国家，虽然一定程度上确保了英文地道的表达，但这并不能满足所有学生的需求。尤其是近些年来，我国与世界各国的联系日渐紧密，变体英语的使用频率也在不断提升，长期使用欧美英语教材学习势必会影响我们与使用变体英语的人们的沟通。再如，教材难易程度的甄别，教材时效性的保障，都是摆在教师面前的难题，也是多元化课程体系建设需要面临的重要问题。

### （四）学校相关政策的制定和落实较慢

学校的政策会对英语多元课程体系建设发挥重要的导向作用，但是目前，关于多元课程体系建设方面的政策少之又少。比如，学校如果可以制订出一系列针对多元化大学英语课程体系教师的培训、课时安排、课酬计算等方面的优惠政策，就可以极大地鼓舞广大教师积极投身于多元课程体系的建设中。政策的制订绝非一朝一夕可以完成，必须要体现公平公正的原则，必须要广泛征求广大师生的意见，还要在试行中不断摸索和修正，可见，政策的制订和落实仍然有很长的路要走。

## 四、英语多元化课程体系的构建

构建高职英语多元课程体系，首先应明确国家教育大政方针，并遵循高职院校办学理念，在教育理论指导下，完善对高职院校英语专业的人才培养。根据教育部颁发的《教育部关于进一步深化大学英语教学改革的指导意见》和《大学英语课程教学指南》，高职院校英语课程设置必须体现人才培养理念，提升高职英语专业学生语言应用水平。为此，高职院校构建英语多元化课程体系，可以参照以下几点建议。

### （一）入学分级教学

在教育环境持续优化的背景下，我国高职院校办学规模逐渐扩大，办学水平得到提高。但受生源地域差异的影响，高职院校学生学习特点各不相同，为平衡学生学习水平，可以采取入学分级教学举措。入学分级教学是指针对高职院校新生开展摸底调查，通过多元评价，综合分析高职新生英语听、读能力和说、写能力，之后按照分层教学方法，科学设置英语课程教学大纲，体现高职英语课程教学的个性化特点，综合培养高职院校学生英语语言素养。入学分级教学已在部分高职院校得到推广应用，如部分高职院校会先要求学生综合学习英语课程，然后在第一学期结束后，按照学生主体教学原则，充分尊重学生选择意愿，由学生自主选择是否继续学习英语专业课程。综合来看，分层教学方法是对传统教学方法的创新，在充分尊重学习主体地位的同时，满足了学生多元化的学习需求。

### （二）英语课程分类设置

为构建高职英语多元课程体系，需要根据英语课程人才培养目标划分课程类别。具体来说，可分为以下三种。

第一，高职通用英语课程。概而言之，高职通用英语课程教学，以英语基础知识讲解为主体，包括基本的词汇、语句分析，能够掌握基本的语法结构知识，会使用词汇、语句组织书面语和交际语表达逻辑。高职通用英语课程教学主体是入学新生，教学目标就是使高职院校新生具备良好的英语基础，在通用英语课程教学完毕后，可要求学生选择英语课程学习方向，以此满足高职院校学生英语多元化学习需求。

第二，高职通识教育类英语课程。高职英语课程教学目标可分为两个方面，一是巩固学生的英语语言基础，二是培养学生的英语交际素养。高职通识教育类英语课程，就是为培养学生的英语口语交际能力，使学生具备良好的英语文化知识素养，能够在学习英语语言过程中，了解以英语为母语的国家、民族或地域的人文历史。

第三，高职专门用途英语。这类课程主要为培养英语专业技能型人才而设置，其主要教学内容就是讲解大量的专业性词汇、语法知识，并结合实际案例帮助学生形成语言表达思维，然后再通过英语口语交际活动，锻炼学生的英语语言表达逻辑，进而增强学生的英语语言应用能力，最终能够更好地应用于社会各行业领域中。

### （三）设置大学英语任意选修课

高职英语课程设置应遵循“必修为主、选修为辅”的原则，为学生创设各种类型的英语选修课程，尊重学生对英语选修课程的学习兴趣，满足学生多元化的学习需求。当然，开设高职英语选修课程，应该分析院校学生的学习特点，按照渐进式的发展原则，体现高职英语选修课程教学的辅助性特点。既然高职英语选修课程是辅助必修课程的，那么就应该避免选修课程教学内容与必修课程教学内容重复，同时应该明确高职英语选修课程的教学目标、教学时长、评价方法等。

### （四）网络平台与课堂教学相结合

在网络信息技术的支持下，高职英语课程建设应该体现线上线下相结合的特点，通过构建网络英语课程教学平台，为高职学生自主学习英语创设条件。但为保证高职网络英语课程教学质量，应该将课堂教学内容上传至网络平台中。为此，要构建网络英语课程教学平台，高职英语课程教师需要掌握网络教学平台特点，既要尊重学生主体学习地位，又要积极寻求与学生的线上互动，通过设置网络英语课程教学测评，检查学生在网络平台上的学习效果。此外，为保证网络英语课程教学质量，教师需要综合利用网络教学工具，形成图文和音视频相结合的教学内容。

综合来看，高职英语多元课程体系建设，是基于时代发展趋势而形成的必然结果。既能促进英语语言知识的融合传播，又能推进英语专业人才的多元化发展，为适应社会各行业领域的发展需求提供坚实基础，持续优化高职英语课程教学质量。

## 第三节　高职院校英语课程评价的探索

课程评价通常包括两个层面的评价：一个是宏观层面的课程评价，也称外部评价。外部评价是针对教育项目进行的全面、综合性的检查，旨在通过评价，判断所在学校的教学质量或验收课程，同时也有助于制定宏观的教育规划和教育政策。参与评价工作的成员皆为评价方面的专家。此类教学评价包括国家级的教学评估，或者是省级教学评估；另一个层面是微观的教学评价，也称内部评价。内部评价主要集中在课堂，参与评价的人员为教师和学生。例如，每学期期末对每门课程进行的教学评价，包括教师评学、学生评教、同行互评等，旨在通过评价，完善课程设计，提高教学质量，使师生受益。下面，我们将围绕第二种评价，即微观的课程评价展开论述，主要内容包括课程评价的内容、课程评价的类型以及课程评价的方法。

## 一、学习评价与课程评价

高职英语课程评价是高职英语教学体系的组成部分，立足于整个英语教学过程开展课程评价，可以优化课程教学方案，使高职英语课程教学更具适应性，为改善英语课程教学质量提供指导基础。根据课程评价理论，开展高职英语课程评价，应该系统分析以下五点问题。第一，高职英语课程设置需要以教学目标为基础；第二，高职英语课程教学大纲是否符合学生学习特点；第三，高职英语课程评价主体须涵盖多个角色，包括教学单位和学生家长、社会学者等；第四，是否提出高职英语课程设置后续管理方案；第五，高职英语课程教学效果如何。

高职英语课程评价应该关注教学过程，从课程评价内部要素进行细分考虑。具体来说，课程评价内部要素包括以下几点。第一，针对课程设计评价教学过程的适用性；第二，针对教学大纲评价教学内容的适用性；第三，针对课堂教学评价教学主体的有效性；第四，针对教学材料评价教学对象的理解性；第五，针对教学主体评价教学方式方法的针对性；第六，针对教学管理评价培训环节的全面性；第七，针对教学对象评价教学任务的指导性；第八，分阶段评测各年级学生的学习状况，形成英语课程过程性评价；第九，分析学生学习动机差异，形成立体评价体系；第十，考虑高职英语课程评价管理人员的管理效果；第十一，从高职院校内部环境分析课程评价能否持续开展；第十二，根据高职英语课程教师配置情况，分析课程评价对英语教师职业素养的要求；第十三，结合高职院校英语课程改革方案，评价高职院校课程改革人员的能力素养。

高职英语课程属于语言教学类别，针对高职英语课程建立评价体系，应该明确高职院校学生的主体地位，关注课程设置效果。具体来说，高职英语课程评价体系，要综合考虑课程设置对学生学习状况的影响，结合过程性评价和结果性评价，对学生各阶段评测结果进行量化分析，为调整优化高职英语课程教学方案提供指导。此外，高职英语课程评价体系，还要针对课程设置进行细分考虑。在分析课程设置是否对学生学习效果有所改观后，要从语言教学角度分析课程设置质量，考虑课程设置与学生学习需求、课程设置后制订的教学方案、课程设置后形成的评测考核标准等。从评价效果来看，针对学生开展的学习评价和针对课程设置开展的课程评价，是存在相互联系的。因为课程设置的目的，就是为满足学生的学习需求，而学生学习需求的变动，又会影响课程设置的结果。

### （一）学习评价的内容

学习评价是通过测试、课堂表现、作业等手段检测学生的学习效果或判断学生的学习状况。学习评价有两种形式：形成性评价和终结性评价。形成性评价发生在课程进行的过程中，能够及时提供有关学生学习情况的信息，如学生学到了什么？还需要做哪些努力？课程能否满足学生的需求？教师通过了解这些信息以便在课程实施的过程中不断做出决策；终结性评价在课程结束的时候进行，能够提供学生总体学习成绩的信息，以及课程整体效果的信息，从而判断学习效果和教学的有效性。评价学生的学习和评价课程两者之间存在平行关系，评价一个方面必将涉及评价另一个方面。

高职英语课程评价体系应该体现过程性和结果性，过程性评价可确保结果性评价更加准确，结果性评价又能为调整课程教学方案提供必要的指导。大学英语四六级考试，就是结果性评价的典型代表。

高职英语课程评价应关注学生的学习过程，同时对学生学习目标提出具体要求。学习目标是完善学习过程的保证，高职院校学生应明确英语学习目标，从语言基础知识与语言应用能力两方面细化学习目标。高职英语教师需要指导学生理解评价设置的意义，使学生能够在评价体系的影响下自觉改正不良学习态度，达到“以评促学”的效果。高职院校学生也需以评价体系为指导，积极主动地融入高职英语课程学习过程。

高职英语课程评价还应设置评测标准，形成结果性评价。高职英语课程结果性评价目的有以下几点。第一，设置高职英语课程评测标准，可指导学生调整后续学习策略。此外，学生可根据评测结果，及时检查基础薄弱的部分，为进一步复习或学习打下基础。第二，高职英语课程结果性评价，成为教师优化教学方案的依据。具体来说，高职英语课程教师可以根据评价结果做出教学反思，进而做出针对性调整。第三，设置高职英语课程评测，能够激发学生英语学习动机。同时，良好的评测环境，有益于学生形成稳定的学习心态，使学生学习注意力更加集中。第四，阶段性课程评测，使学生学习目标更加清晰。学生可根据阶段性评测反馈，持续完善课程内容框架结构，为夯实英语语言知识基础做准备。第五，建立高职英语课程结果性评价体系，可以满足学生英语学习认知需求，使学生更加具有学习成就感。

高职英语课程评价体系所形成的积极影响，不仅能够改善学生学习能力和教师教学效果，还具有其他方面的影响。高职英语课程评测标准成为学生学习的依据和动力，这就要求高职英语课程评测设定者需遵循科学原则。首先，高职英语课程评测应该科学有效，也就是能够区分学生英语学习差异。同时，应该保证每项评测指标都清晰合理，使学生能够清晰理解评测意图，并根据评测做出对答。其次，高职英语课程评测结构应该科学可行，保证评测方式方法有所依据。在确保评测具有区分性的同时，还应该细化每项评测指标的分值，并且设定分值评判的依据，要求教师灵活运用评测方法划定分值范围。最后，设置高职英语课程评测应该体现科学划分依据，既要保证每项评测内容具有一定的新颖性、思辨性，又要保证每位学生都可根据评测内容详细对答。

评价学生学习，教师要注意以下几个方面。

（1）评价学生学习的主体。学校、教师和学生是评价学生学习的主体。一般情况下，学校和教师决定评价什么、为何评价、如何评价、何时评价等问题。但是，在以学生为中心的课程模式中，除了教师，学生也需要参与评价。学生需要评价自己取得的进步，也需要评价课程的各个方面，如教材、教学活动和学习安排等。学生的自我评价是对教师评价的重要补充。同时，自我评价也是激发批判性思维、客观认识自己的能力以及掌握有效的学习策略的重要手段。

（2）评价的内容。高职英语课程教学需要设定教学目标，这一教学目标又可细分为阶段性教学目标和整体目标。评价高职英语课程教学目标，需要立足教学全过程，对学生书面表达能力和口语表达能力进行分析。例如，教师为评测学生英语基础知识学习情况，可通过阶段性布置课题作业或试卷等形式，检查学生英语写作能力。因此，教学目标就成为评价内容的主体部分。

（3）评价学生学习的目的。根据贝利（Bailey）的观点，在课程设计中，评价学生语言学习和语言能力的主要目的有：①了解学生的语言水平，如使用大学英语四、六级考试，英语专业四、八级考试，雅思考试等水平考试。通过水平考试，教师能够发现学生运用语言的能力，如听、说、读、写各项技能。此外，水平考试的评价是有参照评价标准的，即学生的语言水平符合评价标准中的某个级别就给予某个等级或分数。②诊断学生的语言能力，找到学习需求。此类测试旨在发现学生是否具备语言知识和语言能力。而语言知识和语言能力源于教学内容和教学目标。例如，写作课的教学目标是使学生学会写英语商务信函，那么，诊断性评价就涉及给他们布置一项英语商务信函写作任务。通过比较学生的写作与英语国家人士的写作，可以了解学生的写作能力以及发现其中的不足。能力就是已经具有的能力；不足就是没有达到的能力，也就是学习需求。③评价学生取得的进步。此类评价旨在发现学生从课程中学到了什么。例如，学生在学期初期有过一次诊断性测试。然后，在学期中期或期末再进行一次类似的测试。如果可以看出第二次测试的水平高于第一次测试的水平，就说明学习取得了进步。否则，就没有进步，还需继续努力。评价学习进步有一个原则，即评价必须基于教学内容。只有对教师讲授的内容进行测试，才能看到学生是否通过学习学到了以前不懂的知识，或者获得了以前不具备的能力。④评价学习效果或结果，如期末成绩或课程结业考试。这是终结性评价的一种形式，旨在发现学生是否掌握了课程中传授的知识和技能。评价学习结果还可以将平时表现，如课堂参与、小组活动、个人作业的完成情况考虑进来。有时结业考试使用的是统一标准试卷，如英语专业四级试卷。那么，课程内容就会受到试卷要求的影响。

（4）评价学生学习的方法。高职学生学习方法会对评测结果产生一定影响，高职英语课程教师应该摸清学生的学习方法。为使评测学生学习方法更加全面，教师可通过书面语、口语交际等形式开展评测，也可在平时的课堂互动交流中分析学生学习方法。此外，教师需要明确考试测评与课堂互动的占比方法，既要根据学生考试结果整合学生学习方法，又要根据课堂互动交流情况总结学生学习方法，不应过度偏向于某一方面，否则只会影响最终的评价结果，进而影响课程的教学质量。

（5）评价学生学习的时间。高职学生已具备自主学习的能力，为更好地掌握学生自主学习时间，教师可以设定课程评测依据，如课程教学时长对学生学习效果的影响，或者是课程结构对学生心理的影响等。目前，我国高职院校通常会根据问卷调查来了解学生学习时间，这种方法虽然具备普适性，但由于缺乏一定的客观性，反而会影响最终的评测结果。为此，高职英语教师可适当调整课程教学时长，分阶段评测学生学习时间。

（6）对于学习评价结果的利用。高职英语课程教学质量，要结合学生学习效果综合评价。学生学习评价结果，主要从两方面获得：一是考试结果，从听、说、读、写这四个方面评测学生学习能力，然后根据评测结果优化教学方案，确定适合学生学习的语言教材。二是课堂互动，根据学生的课堂表现，可以分析学生对英语课程的学习态度，并且能够掌握学生的学习心理。此外，在对学生课堂互动情况了解后，教师可确定个性化的教学方案，从而完善课堂教学过程。

### （二）课程评价的内容

相对学习评价而言，课程评价的含义更为宽泛，它包括学习评价、教学评价以及对课程诸多方面的评价。这些评价结果有助于教师对课程进行调整或修改，以便更有效地达到教学目标。或者说，通过课程评价结果发现存在的问题，并采取措施改进。因此，课程评价不仅仅意味着获得信息和了解情况，它还是一个决策的过程。

课程评价有两种形式，即形成性评价和终结性评价。实行这两种课程评价的时间不同，形成性评价主要是在教学过程中进行，而终结性评价主要是在教学完成之后进行。所谓形成性评价，就是指教师在接收到学生们的反馈之后，从而了解不同学生的各种需求，包括学习需求和情感需求，然后对学生提出的各种意见与建议进行整理与分析，发现自己的不足，从各个方面去发现并改正，针对这些意见对教学方法、教学进度等方面进行改进；终结性评价，一般在教学过程完成之后即期末进行，由学生和老师共同完成评价，它主要关注课程教学是否获得了良好的成效，它不一定能够帮助改进教学过程，但是能够帮助改进之后的课程设计与开发。

在对课程进行评价时，有以下几个问题需要注意。

（1）实施课程评价的主体。不同的课程评价，需要不同的评价主体来完成。对于形成性评价来说，一般是由学生与老师共同完成课程评价，它强调在教学过程中，要在教学的各个不同阶段分别施行，以得到比较多的尽可能公正的评价。对于终结性评价来说，评价的主体就不仅仅是教师和学生了，还包括学校、家长、其他教育管理机构等等来参与课程评价。终结性评价是一个总体评价，其主要侧重课程的教学效果，一般在课程结束的时候进行。

（2）评价的内容。评价内容涉及课程设计的各个阶段：需求分析、教学目标、课程内容、教学安排、教材教法、学习评价和课程评价。①需求分析：是否获得所需要的信息？信息量是否充足？是否及时？学生是否明白提供需求的目的并做出正确的回答？②教学目标是否符合实际？适合学生？可否实现？如何做出调整？③课程内容：是否满足学生需求？是否与其语言水平相匹配？是否既具有综合性又具有针对性？④教学安排：是否按单元排列？是否具有循序渐进的过程？课程内容是否达到了平衡？教材是否在课程中得以循环使用？⑤教材教法：是否得当？教材是否具有吸引力？学生是否有足够的机会学到他们需要学的东西？学生对自己的角色和教师的角色满意吗？⑥学习评价：学生是否明白他们将如何以及为何被评价？学习评价活动能否评价出学生已经学到的知识和获得的能力？能否帮助学生诊断学习需求？能否测量出学习取得的进步或学习效果？⑦课程评价：学生是否明白如何评价课程以及他们在课程评价中的角色？是否明白课程评价的目的？形成性评价是否及时？是否提供了有用的信息？

（3）实施课程评价的目的。总体来说，课程评价的目的是通过反馈，帮助教师做出决策，其时间段包括在教学过程中和课程结束时。对于形成性评价来说，其目的主要有三个方面：第一，评判课程教学的优劣，教师能够对自己教学的有效性有一个明晰的认识，发现自己在教学上的不足，而不是闭门造车。第二，学生通过对课程进行评价，提出自己的意见和建议，教师能够获得反馈，从而更好地满足学生的学习需求。第三，通过各种反馈与评价意见，教师在设计课程时就能够避开一些不好的地方，改进之后的教学设计与开发。对于终结性评价来说，它的目的也主要有三个方面：第一，通过对课程进行总体评价，对课程的教学效果进行评判。第二，其教学效果的优劣影响着最后课程是否能够继续开设。第三，根据反馈，为教师之后的教学课程的设计提供信息。

（4）实施课程评价的方法。课程评价的方法有很多，如课堂上的观察、反馈、问卷、座谈、排名活动等等。

（5）实施课程评价的时间。根据课程评价的形式，即是终结性评价还是形成性评价，来判断课程评价的时间。课程评价可以在出现问题的时候进行，及时进行课程评价，及时解决问题；也可以按照每周、每单元进行评价；也可以在学期的期中或者期末进行。

（6）对于课程评价结果的利用。无论是形成性评价，还是终结性评价，评价结果可以帮助他们了解自己的教学效果，改进自己的教学计划，提高自己的教学质量。只是，对于形成性评价来说，评价结果主要在之后的教学阶段的教学中起作用；而对于终结性评价来说，主要针对下一轮的教学。

## 二、课程评价的方法

在对课程进行评价时，最先需要考虑的是选用何种课程评价的类型，其次考虑的便是使用哪种方法来实现课程评价。一般来说，实现课程评价的方法主要有两种，即量性评价方法和质性评价方法。

量性评价方法，是指通过数据得到结果，利用得到的数字来解释某种现象，如频率、百分数等等。在进行量性评价时，主要使用的方法有调查问卷、测试等等。它一般需要大量的样本，才能总结归纳出规律和趋势，从而得出正确的评价。由于不涉及主观决策行为，仅仅分析数据也相对比较简单客观，没有那么复杂。

质性评价方法，主要依靠主观判断来对现象进行解释，而不依靠客观数据。这种方法的特点是更加具有整体性、自然性和启发性。实行质性评价方法的途径大致有访谈、日志、案例分析等等。与量性评价不同，质性评价只需要较少的样本就可以获得大量信息。在进行质性评价时，教师可以在真实的语言环境中观察学生的情况，得到的信息也更加人性化。由于得到的信息是开放式的，并没有一个统一的标准答案，这些信息必须要经过分析、解释、说明之后才可以发挥它应有的功能。在课堂评价中，质性评价方法是非常重要的。

在进行课程评价时，不一定只选用一种评价方法。为了使最终结果更加准确、全面，可以共同使用量性和质性两种评价方法。例如，在对学生的英语口语成绩进行评价时，可以使用多种评价方法：首先，通过量性的口语水平测试对其进行一个客观评价；其次，在课堂上观察学生，通过他的表现，对学生做一个整体的评价，这也是质性的方法；最后，学生可以对自己的口语进行评价，这也是一种质性评价。

威尔（Weir）和罗伯茨（Roberts）总结了课程评价中的主要观测点以及与之相匹配的方法和工具（表 5-1）。它们对教师实施课程评价具有重要的指导作用。

**表 3-3-1　课程评价观测点及其方法**

| 观测点 | 方法和工具 |
|---|---|
| 教师信念 | 问卷；访谈；课堂观察；评论教案 |
| 教师能力 | 课堂观察 / 教学录像；自评考查；问卷；访谈；课堂观察；评论教案 |
| 教师实践 | 课堂活动记录；评论教案；课堂观察 / 教学录像；问卷；访谈 |
| 学生行为 | 学生访谈；学生问卷；课堂观察；教师日志；教师访谈 |
| 学生学习 | 单元测试；统一考试；教师日志；学生作业；两个学期 / 两个班级的成绩比较；访谈（学生和教师）；问卷（学生和教师） |

评价教师信念，可以通过问卷的方法获得一部分信息，但是有一定的局限性，因为有的问题只能得到比较表面性的答案。如果再加上访谈的手段，则能够使问题得到比较深入的探究。通过课堂观察能够从实际教学行为中了解到教师的信念，从而更具可信度。通过评论教案可以从教学设计、教学步骤、教学方法等方面了解到教师的信念。

评价教师能力最直接的方法是课堂观察。如果时间或条件不允许，则可以将课堂教学进行录像，等有时间的时候再观看和评价。这种方法比较客观和真实。此外，教师还可以对自己的教学能力进行自评，从主观的角度评价自己的教学。两者结合起来评价能够比较全面地掌握教师能力。如果再配合问卷、访谈以及评论教案等方法则有望获得全方位、综合性的教师能力信息。

评价教师实践，首先需要深入课堂，课堂观察的重点是记录课堂活动，从课堂活动的设计、组织与实施中了解教师的课堂教学实践。教案、问卷和访谈又能够从多个方面补充有关教师课堂实践的信息，并提供教师课堂实践背后的理念和目的。

评价学生行为可以从两个方面开展，学生方面可通过访谈、问卷与课堂观察的方法获得学生行为的相关信息。教师方面可从访谈教师和教师日志中获得学生行为的相关信息。两方面信息的汇总对教师评价学生行为很有帮助。

评价学生学习情况时，测试是最直接和便捷的手段。此外，课内外的作业也是重要的评价方法。两者的结合是形成性评价的常用形式。另一方面，教师日志也是了解学生学习情况的重要途径。两个学期或两个班级的成绩比较有助于教师掌握学生学习的进展情况。对学生和教师分别进行教学访谈和问卷调查又能获得更多的有关学生学习的信息。

威尔（Weir）和罗伯茨（Roberts）所总结的课程评价主要观测点包括两个方面：教师和学生。教师方面的评价从教师信念、教师能力和教师实践三个角度开展；学生方面的评价从学生行为和学生学习两个角度开展。评价方法涉及课内和课外的评价、质性和量性的评价、主观和客观的评价、笔头和口头的评价等多种形式。

罗伯茨分析了课程评价中常用的方法及其优缺点。他分析了测试（期中、期末考试或国际性的考试、平时作业或小测验）、两种教学模式的比较（相对有效性的比较）、访谈（访谈教师和学生、结构式和开放式访谈）、问卷（获得教师和学生对各类问题的意见）、教师书面评价（教师填写课程评价反馈表）、教师日志（对课程的印象和体验的记录，包括完成的任务和遇到的困难等）、教师课程档案（如授课记录、教材使用、出勤记录、学生分数以及时间记录等）、学生日记（记录课程的有关事件，如做作业所花的时间、课外活动等）、个案分析（教师对课程或课程的某些方面进行案例分析）、学生评价（学生在课程之中或之后对课程的笔头和口头反馈）、教学录像（反映不同教学风格和教学模式的课堂教学录像）、课堂观察（同行教师或指导教师定期听课，最好使用结构式的观察量表或等级量表）等多种方法的特点和用法，并讨论了各种方法的利和弊。

目前，国内课程评估和教学评估一般采用以下评价方法。

（1）学校或学院自评：根据各类观测指标写出自评报告，供评估专家阅读。

（2）档案资料审查：学生资料（试卷、作业、课程论文、毕业论文、四级或八级统考成绩、各类获奖证书等）、行政文件、培养方案、教学大纲、教师教案、教师课程档案（课程介绍、授课计划、教材介绍、出勤记录、平时成绩记录、考试/考查报告单、学生成绩单以及成绩分析表）等资料，供评估专家审查。

（3）课堂观察/随堂听课：评估专家了解教师信念、教师实践、教学方法和教师能力；了解学生课堂参与、语言能力和学习动机。

（4）座谈：评估专家分别与师生座谈，了解他们对课程和教学的认识、看法以及建议。此外，评估专家与学生的座谈是用英语进行的，旨在了解学生的英语口语能力和思辨能力。

可见，评价的方法、评价的手段和评价的工具有多种多样。教师应该合理掌握它们，以便在实践中根据具体目的和实际需要，选择合适的方法，将评价工作做好。

## 三、英语课程教学质量评价体系建设

近年来，作为我国高等教育重要组成部分的高等职业教育发展很快。独立设置的高等职业学院规模基本与普通高等教育持平。但是，目前由于高等职业教育存在规模发展过快，投入不足，实训条件欠缺，师资力量不强等问题，教学质量的提高受到很大影响。因此，如何提高职业院校的教学质量，已成为高等职业教育可持续发展面临的关键性课题。

到目前为止，课堂教学仍然是国内学校教学活动的主要形式，教师仍然占据主导地位。因此，对于课堂教学的评价，仍然是提高教学质量的重要方式。

### （一）建立健全质量评价体系的理论参照

要建立健全校内的教学质量评价体系，其主要理论依据是人本管理理论和教育评价理论。所谓人本管理理论，即以人为出发点，通过每个不同的人的兴趣与能力，因才施干，把每个人放在最合适的岗位上，尊重每一个人的价值，尊重每一个人的需要，为每一个人的发展创造机会和条件。人，既是人本管理理论中的出发点，也是最终的归属。它尊重每个人的兴趣爱好，尊重每个人自我实现的需要，并不断激发他们的学习动机。对于教师来说，个体自我的需要能否被实现是极为重要的。通过课程评价，教师能够更加清晰地认识自己，发现自己的优缺点，从而更好地改进教学方式，提高教学质量。在这个过程中，教师也能够不断地发展和提升自己。

要建立健全教学的质量评价体系，还要深入了解何为“教育评价”。最初的教育评价，就是通过收集学生、家长、教师各方面的信息，来对学校的教学进行改进，从而帮助学生更好地学习。教育评价理论指出：在评价过程中，内容要变得更加全面，功能要更加多样化，手段要坚持定量和定性相互结合。既要重视评价对象的主体性和教育价值的多元化，同时还要重视评价的教育性和发展性功能。

### （二）优化英语课程教学质量评价的方式

教学质量评价就是对课程教学的质量进行评价，是评价主体基于客观事实对教师的教学价值做出的综合性判断。对于教师来说，教学质量评价有助于他们更好地认识自己的教学水平，了解优势与不足，根据反馈的系统信息，改进自己的教学方法，优化教学过程，完善教学行为，提高教学质量。对于学生来说，有助于增强他们的主体意识，增强他们自主判断事物的能力。

到目前为止，很多高职院校针对教学质量的评价方式主要是同行专家评价、教学管理者评价和学生评价。而且，在这三种评价方式中，学生评价的信息量最大，而且也比较全面客观。因此，是最具有价值的。

### （三）健全英语课程教学质量的评价体系

针对课堂教学的课程评价，其评价主体是学生。因此，要健全课程教学的评价体系，就要设置好适合学生的评价指标体系。在评价指标体系中，它反映了高标准高质量的课堂教学的特征，也体现了学生以及教学管理者对优秀教师的要求。

在进行课堂教学评价之前，确定一个标准的评价指标尤为重要，甚至可以称得上是评价工作的基础与核心，因为之后的所有评价工作都是围绕着它来展开的。职业院校教师的课堂评价指标大致可以分为两部分：一部分是共通的，即无论哪一科的教师都要必须遵守的基本素质，是对一个教师基本素质的评估。主要针对教师的教学态度、教学方法、教学效果等进行评判。另一部分是针对不同专业的老师，其课程的评估标准也是不同的。因此，课堂教学的评价指标既有相同性又有特殊性，既有可比性又有特色性。

在课堂教学中，教师是受评对象。因此，要健全课堂教学指标评价体系，就会涉及教师教学的诸多因素，如教师的教育观、教学方法、课堂管理、教学手段、教书育人等等方面。又因为学生是课堂评价的评价主体，所以还会涉及与学生有关的很多因素，如学生的学习动力、学习观以及学习能力的培养提高等等。相比于其他学科专业，英语教学是一项比较复杂的过程，它设计的变量很多，对英语课堂进行教学评价时，还需要对教学活动安排、文化信息处理、课堂使用语言情况、学生学习兴趣调动等情况进行评价。

因此，根据上述所涉及的方面，再加上对课堂观察一览表以及对北京师范大学《教师教学质量评价表》的参考，选取了几个普遍的评价指标。其中，这些评价指标分为一级和二级，一级指标有 7 个，被称为评价因素，二级指标有 30 个，被称为评价因子。

一级指标的 7 个评价因素分别为教师的教学态度、教学内容、教学方法、课堂管理、教学语言、课堂结构和教学效果。其中，教学态度很重要，它是教师教学的基础。对于教师自己来说，它反映了一个教师对于自己所从事的教学工作的素质。对于学生来说，一个教学态度端正的老师，能够更加认真负责地对待学生，他自身的热情会不断激发学生学习的动力。在大学期间，英语教学的目标发生了转变，更加注重于学生的英语综合应用能力，尤其是英语听、说能力，因此，对于教师的要求也发生了些许变化，更加注重于教师的语音语调。对于职业本科教育来说，它主要是以职业能力为基础的。因此，相比于知识理论，更加注重对于学生的基本技能和实践能力的培养。

在评价指标体系中，为了更好地进行课堂评价，往往将一级指标设置得比较模糊，二级指标比较具体。因为如果一级指标太细致，在进行教学评价时往往难以得出结论，从而影响整个教学评价。与二级指标相比，一级指标的优点是比较偏向于整体。因此，在进行教学评价时，根据一级指标进行整体评判，看问题更加全面准确。另外，在进行教学评价时，可以让教师同行与学生使用相同的量表，这样更加有助于研究。在设计指标项目时，要充分考虑学生，使设计的指标项目便于理解、便于观察、便于测量。因此，可以选用那些可以直接观察到和理解的教师的行为，将它们作为评价指标，便于学生们进行理解，同时也能够减少误差。因此，评价指标体系内的各个指标不仅要能够反映评价的要求，还要确定它是能够被学生广泛认知和了解的。

要对教学质量进行判断，需要从各个方面进行分析，如教学方法、教学态度、教学效果等等，仅仅只依靠一种因素是无法进行准确判断的。这些因素共同作用影响着教学质量，因此，可以将这些因素集合起来，共同用于判断教学质量的优劣。职业院校英语课堂教学是一个复杂的动态系统，上述这些因素之间是有着稳定的联系的，它们共同保证着动态系统的良好运转。

# 第四章　高职院校英语教师队伍建设

英语教师是课程建设、改革的主要参与者、推动者。本章主要针对高职院校英语教师队伍建设相关问题展开探究，分别从高职英语教师专业发展概述、高职英语教师专业发展途径以及高职英语教师专业能力的培养三个角度展开。

## 第一节　高职英语教师专业发展概述

在 2018 年提出的《中共中央、国务院关于全面深化新时代教师队伍建设改革的意见》中，讲述了现阶段要实施的任务，即要提高职业院校的教师质量，建设出一支高素质的双师型的人才教师队伍。同时还要加强职业师范院校建设，将学校与企业相互联合，共同建设双师型教师培训基地，建立校企联合的机制。不断提高职业院校的教师的素质，建立一支拥有高超技艺、专兼结合的双师型教师队伍。职业院校的教师还要定期到企业进行实践，不断提升自己的实践操作能力，使校企的教师与技术能手、院校管理者与企业管理者互相兼职，不断实践自己的能力。党中央、国务院对新时代高职院校教师队伍建设提出了明确要求，为高职院校教师发展和队伍建设提供了根本遵循。当今，随着世界经济全球化、教育国际化的不断推进以及中国经济的转型升级，我国高职教育也面临在新形势下由规模扩张向高质量发展转型的机遇和挑战。高职院校要在激烈的竞争中站稳脚跟，创新发展，就必须坚持以习近平新时代中国特色社会主义思想为指导，制订符合学校自身发展实际的人才强校战略，积极打造一支数量充足、结构科学、师德高尚、素质优秀、具有创新精神和综合实践能力的师资队伍。师资队伍建设是高职院校创新发展和高质量发展的关键。高职院校师资队伍建设要体现其自身的特色，依据高职教师的发展目标和成长规律，有针对性地组织实施。

## 一、教师专业发展内涵

在教师对学生进行教学的过程中，不仅学生可以获得知识，老师也可以得到提升。众多国内外专家对教师职业发展做了研究分析，其中国外研究学者得出了这样几个观点：教师得到的提升不仅包括其个人专业的提升，还包括个人在生活中的提升，如专业上的有专业知识的强化、专业技能的熟练与增强、对所教内容的拓宽深化等等，生活上的有个人自信心的增长、解决问题能力的提高等等；教师通过参加教师培训以及在职教师教育等学习，也可以得到发展，促进教师在教学技能以及与同事和谐合作交流等方面的提高；教师获得的专业发展最基本的就是教学态度与教学技能方面，在发展过程中，教师改善了教学态度，提升了教学技能；不仅仅是知识技能方面的提高，还应该充分考虑教师的师德师风方面。

针对教师专业的发展内涵，国内的研究学者的主要观点有：教师专业的发展是一个全方位、多层面、多领域的发展，既包括自身能力的提高，也包括知识的积累强化、专业技能的提高，还包括自身态度的转变等等，这是一个慢慢发展的过程，由不成熟发展到相对成熟，其发展空间是无限的；教师专业的发展是一个连续不断的过程，在这个过程中，他们的专业知识、专业能力、专业态度等都在不断地演进过程中，教师是教育教学的专业人员，教师专业发展是一个不断成长成熟的过程。

通过对国内外研究学者的观点进行综合并分析，我们可以得到教师专业发展的一些共同的特征：首先，教师专业发展是由不成熟走向相对成熟的过程，在这个过程中，要想获得最终专业的发展，教师个人必须拥有明确的积极进取的发展态度，教师的主观能动性对于教师专业的发展极为重要；其次，教师专业发展的过程是动态的和延续的，教师经过不断地自学、培训等过程不断地提升自己的专业能力，随着专业能力的提升，教师专业发展也逐渐呈现出阶段与递进的特征；最后，教师专业发展并不单指某一项，而是指各种综合性的能力，如知识、技能、素质、态度等各个方面。

## 二、外语教师专业发展内涵

欧美学者从 20 世纪 80 年代后期，开始关注外语教师的教育和发展并开展教师专业发展的研究。我国学者对外语教师专业发展的研究相对较晚并取得了一定的研究成果。国内外学者主要从外语教师专业素质、外语教师专业发展机制和外语教学专业发展途径等方面开展了外语教师专业发展的研究。

### （一）外语教师专业素质

从行为研究角度来看，外国学者对于教师素质的内涵这样阐述：专业知识理论；研究和开发课程的技能；分析获取信息的能力；对于教材的运用能力；对于课堂的观察和研究技能；对于课堂教学的情景修正能力等等。

另有外国学者认为，可以将语言教师的素质大致区分为两个概念，即“知识”与“技能”。其中知识不仅仅指教师的专业知识理论，还包括教学所处的地点的社会背景知识，以及学生的语言水平、学习方式、学习背景等等。而技能也不仅仅指教师处理教材的能力，还包括教师在教学时的具体授课行为、教学方法、课堂管理等等。“知识”与“技能”二者综合在一起，共同构成了教师教学过程中知识基础，同时随着教师不断地发展自己，它也会不断地改进完善。

国内研究学者认为，外语教师的发展不能仅仅外语好，对于学生的教学来说，这还远远不够。在专业发展过程中，外语教师需要满足的要求是“1+X”。其中“1”指其外语要好，“X”内涵意义众多，包含教学法、教学观念、心理学、汉语、思想方法、敬业精神等等。外语教师的专业素质框架可划分为四个维度，即外语教师职业观与职业道德、外语学科教学能力、外语教学观、外语教师学习与发展观。

通过对以上国内外研究学者的研究进行汇总可以发现，外语教师的专业素质包含有四个方面，分别是知识、能力、素质和精神。

### （二）外语教师专业发展机制

舍恩（Schon）提出了“反思性教学”①，是指从业者结合亲身经历中的疑惑，通过一系列反思、研究活动寻求解决疑惑的方法。后来又有学者提出外语教师反思性实践模式。反思是对需要获得解决的某一问题情境的思考活动方式，反思性教学可以由教师个人来完成。

国内有学者认为，国外语言教师的培养模式经历了从“学徒型”到“应用科学型”再到“反思型”的发展过程。“二战”以前，教师培养模式基本上采用“学

① 方芳 . 改革视域下的大学英语教育新探索 [M]. 长春：吉林大学出版社，2019.

徒型”，即有经验的教师告诉新手教师应该做什么，演示怎么做，然后新手模仿、体会、练习。“应用科学型”指的是自上而下向接受培训的教师传递整套理论。“反思型”模式认为教师应该具备的知识除了可量化的行为规律，还应该包括那些更高层次的不可量化的技能和能力，这种高层次的能力不可能通过技巧培训获得，而是长期自觉反思的结果。

### （三）外语教师专业发展影响因素

英美等发达国家学者对外语教师专业发展进行了大量研究，形成了以教师为中心的教师专业发展方案和教师发展策略，如反思性教学、合作行动研究、探究性实践、案例教学等。

国内学者近几年也开始了相关的实证研究。有学者对一组教师在一项长达一学年的大学英语改革实验中的成长历程进行研究，并提出创建以教学科研项目为基础、由不同经历的教师构成的教师实践集体，是促使教师在实践中实现专业发展的一条重要途径；另有学者通过建立一个英语教师课堂研究小组，探究了教师建构性学习对教师专业发展的促进作用。还有学者在一项规模型实证研究的基础上，探究了我国高职院校优秀外语教师专业发展的规律性特点、阶段性特征和优秀教师专业发展的成因：外语教师的专业发展是个长期逐渐进步的过程，主要是在教学实践中成就的；优秀教师专业发展的成因包括内因和外因两个方面，内因包括热爱外语教师职业、自我专业发展意识和教师自身因素等，外因包括宽松、积极向上、良性互动的教学环境、专家教师的典范、进修和学术研讨、国家整体大环境等。

## 三、高职英语教师专业发展

现如今，国家对于职业教育越来越重视，国内高等职业教育的发展十分迅速。高职教育的招生院校数与在校生人数逐年攀升，到 2019 年底约占我国高等教育的半壁江山。因此，应经济以及社会的发展要求，如何提高高职教育的质量，是当今社会的重中之重。而要提高高职教育的质量，最重要的就是要提高学校教师队伍的素质。因此，当前主要的任务就是要建立一支高素质的教师队伍。由于高职教育的目标是为社会培养一批批在建设、生产、管理以及服务等各个方面的技术人才，这对高职教育的教师提出了更高的要求，这不仅要求其要具备扎实丰富的专业知识理论和教学经验，还需要教师具备一定的实际工作能力和经验，即要求高职教师具备“双师”素质。高职教育是以实现就业为导向的，为了提高高职教育办学水平，就需要建设“双师型”的师资队伍建设，来实现其目标导向，推进职业教育改革教学的需要。而且，针对“双师型”职业教师体系，职业院校的教师考核评价制度也需要不断地完善，从而更加充分地展现其专业教学与技能水平。

作为高职教育的重要公共基础课，高职英语教学应该注重与职业目标相结合，突出与行业相关的外语技能的培养，强化语言的应用性。高职英语教学要坚持其职业性和实用性导向，为培养既具有良好的英语应用能力和跨文化交流能力，又具有扎实专业知识的复合型技术技能人才提供有力支撑。要达到高职英语的教学目标，高职英语教师必须具有扎实的英语语言功底、高超的教学技能和一定的行业知识，并且了解相关专业工作岗位操作流程。

在高职院校内，很多外语教师是从大学毕业后直接进入高职院校从事英语教学，由于中间未在企业参与工作，因此高职英语教师缺乏实际工作经验。而且，大多数高职院校英语教师是在学科型人才培养模式下培养出来的，缺乏以就业为导向的外语教学的行业知识和实际技能。因此，很多高职院校英语教师比较缺乏专业实践能力和企业工作经验，这对于学生外语应用能力以及职业能力的提高会产生很大影响的。目前高职院校内英语教师的专业发展不太乐观，由于英语教师对于行业知识的缺乏以及单一的知识结构等问题，高职英语的教学质量十分不如人意。要想解决目前这种问题状况，就需要建立健全“双师型”教师体系，培养“双师型”的师资队伍。

如今高职院校发展的方向是提高办学质量，要实现它的基础是加强高职院校的内涵建设。在高职院校内，要加强内涵建设，首先最重要的是要加强师资队伍建设。教师队伍的能力与素质直接影响到高校内涵建设的成败，教师是课程开发、教学模式创新、教学资源建设等方面内涵建设的主要人物。高职院校内涵建设的重点包含办学目标、办学思路、专业设置、课程体系、师资队伍等等。

## 四、高职教学团队

教学团队是指以学科、专业、课程或教学项目为单位，以推进教学任务完成、推动教学改革创新、改进教学效果、提高教学质量等为主要任务，由为实现共同的教学改革目标而共同承担教学改革任务和责任的教师所组成的群体。高职院校的教学团队主要包括专业教学团队和课程教学团队。专业教学团队由专业带头人、骨干教师等一批专业素质高、实践能力强，为实现共同专业人才培养目标，彼此分工协作相互依存的教师组成的群体。专业教学团队负责人才培养的全过程，包括专业调研、人才培养目标确定、人才培养方案制订、校企合作、课程开发、教学资源建设、教学模式和方法选择、教学实施和质量监控和学生就业等，因此专业团队是一个具有较强教学能力、校企合作能力和教研科研能力的教师群体。课程教学团队承担着具体某一门课程建设任务，包括课程设置、内容选择、教材开发、资源建设、教学模式和方法手段的选择和创新、考核评价等。专业教学团队是学校专业人才培养的核心要素，课程教学团队是人才培养具体落实的关键，是实现人才培养目标的每一个“细胞”。建立教学团队是提高教育教学质量、实现课程教学目标和人才培养目标的一项重要举措，也是高职院校内涵建设的重中之重。

## 第二节　高职英语教师专业发展途径

### 一、高职教师的特点

我国的高等职业教育在20世纪80年代开始起步，20世纪90年代后期开始迅速发展。从改革开放以来，它为我国的经济社会发展提供了源源不断的人才。到目前为止，职业教育已经充分得到正名，它与普通教育享有同等重要的地位。现代职业教育体系框架已经全面建成，职业教育的吸引力在不断地增强。高职教育具有高等教育和职业教育的双重属性，它的目标是要培养既拥有书面理论知识、同时又掌握实践操作技能的人才，它的任务是为社会经济建设培养建设、生产、管理、服务等一线所需要的高素质人才。随着经济结构转型升级以及现代化建设的发展，社会对于人才的要求越来越高，高职教育院校也必须顺势而为，不断提高高职教育院校学生的能力与素质，这对于高职教育的发展来说既是一个机会，也是一个不小的挑战。

由于办学历史短，而且没有可以借鉴的办学模式，我国的高职教育的教学之路甚是坎坷。因此，起初只能慢慢摸索着进行办学，它使用了与普通高等教育类似的教学体系，复制了其教学模式，然而并没有完全复制，将其教学模式进行了压缩。它在中职教育与高等教育之间，课程体系具有普通高等教育教学的特征，缺乏对实际职业技能的培养，而过于注重理论知识的讲述。对于高职学生来说，这是不利的。由于高职是以就业为目标，如果学生仅仅了解理论知识，而缺乏实践能力，那么他们的职业技能就得不到充分培养，学生的实际能力就达不到高职的培养目标。随着国家对职业教育的逐渐重视，当前我国的高职教育已经不是之前照搬照抄的普通高等教育学制模式了，而是以就业为导向、工学结合、产教融合的新的职业化的高等教育。目前，高职教育更加重视对于学生的实际技能的训练，不断培养其实践能力。

高职教育介于中职教育与高等教育之间，因此与中职教师和普通高等教育教师相比，高职教育本身具有一些自身的性质特点，也具有自身特定的素质要求，如第一，与中职教师相比，高职教师的理论基础应该更加扎实，实践能力应该更加突出，同时专业功底和科研能力也更领先。第二，与普通高等院校教师相比，高职教师实践能力和职场经验更强，专业知识也更加全面。第三，是与企业管理、工作、技术人员相比，高职教师具有更加专业的教学能力，同时也具有更高的综合能力。

高素质的师资队伍是高职院校提高办学水平和综合竞争力的核心资源。优秀的高职教师必须是热爱高等职业教育事业，并具备高尚职业道德、深厚的专业底蕴、良好的职场技能和高超的教学能力的专业人才。高职教育的培养目标与人才培养模式要求高职英语教师必须更新教育观念。高职英语教师不仅要有扎实的英语语言和教育教学方面的基本功，还应熟悉相关职业和岗位的基本知识技能以及在实践岗位对人才应有能力的要求，从而在教学中将专业知识、实践技能与英语语言学习融为一体，切实增强课堂教学的针对性和实效性。

## 二、高职教师的角色定位

高职教师的专业发展首先要根据高职教育人才培养对师资的要求，科学定位、循序渐进、持续发展。高职教师不仅应当成为一名优秀的施教者，而且应该紧跟高等职业教育改革步伐，努力发展成为学生成长的促进者、教学过程的研究者、教学改革的实践者和终身学习的反思者。

### （一）学生成长的促进者

高职的生源与高等学校教育的生源略有不同，高职的生源更加复杂、更加多样。高职的学生文化课普遍较差，而且每个人的基础参差不齐，他们还没有养成学习的好习惯，缺乏自我学习的意识。而且相比起高等学校教育的学生生源来说，他们有更加强烈的自我意识，更容易产生一些情绪化的情感。这就对高职教师提出了更高的要求，要求他们主动了解学生情况，尊重学生、关爱学生、走进学生，让每一个学生都能够感觉到关怀和尊重。在学习上，帮助他们激发学习兴趣，树立学习目标，培养学习习惯，及时给予指导和帮助。在生活上，关怀每一个学生，了解他们的近况，主动与学生交流，让学生体会到教师的支持与关爱。高职教师要做学生成长的促进者，帮助他们健康成长，

### （二）教学过程的研究者

在我国，当前高职教师普遍科研成果较少，总体科研能力不高。而且，有许多高职教师普遍不重视科研活动，没有正确认识到科研活动的重要性，对其存在一定的认识误区。而且其教学过程常常也只是沿袭旧制、简单地积累经验，并没有做进一步的创新与改革。这对于当前的高职教育来说是十分不利的。因此，要提升高职教师的教育水平，就需要加强对高职教师的科研能力的培养，不断提升其科研水平，从而提高教育水平。高职教师在进行科研活动时，要认识到科研与教学之间的互相促进关系，运用科学的研究手段和方法，以研促教、以教促研，实现二者共同发展。

### （三）教学改革的实践者

随着时间的推移，高职教育也正发生着一系列改革。在高职教育的教学改革中，高职教师是主体，他们既是教学改革的设计者，也是实践者。根据高职教育改革的目标和要求，高职教师必须以学生为中心，坚持以德育人，结合理论课程教学，不断进行教学实践，施行产教结合的双师型教学模式，积极推动教学改革。

通过教学实践，不断提升学生们的职场经验和实践能力。坚持因材施教，根据不同学生的具体情况进行具体分析，采用分层教学。帮助学生培养好的学习习惯，推动学生自主学习，促进其全面发展。因此，高职教师必须要具有先进的教育改革创新的理念和能力，然后不断实践研究，最终推动教学改革，促进学生的成长。

### （四）终身学习的反思者

当今世界，经济社会飞速发展，知识更新也在不断加快，一个人想要跟上时代的步伐，就必须树立终身学习的理念。高职教师要适应职业教育的改革发展，就必须将终身学习贯穿教师整个的职业生涯。社会进步和教育发展要求高职教师必须及时更新自己的知识，不断提升专业和教学能力，调整自己的教学行为以适应不断变化的环境和成长的学生。反思有助于帮助高职教师在教学实践经验的基础上，不断将感性认识上升到理性认识，即将专家的理论知识与自身的实践经验相结合，内化为自己的知识体系的一部分和教学能力的一个方面，同时运用所掌握的理论和方法去发现、研究和解决教学实践中的各种问题，从而在“螺旋式”循环教学改革中不断深化，使教师的教学、科研能力和综合素质得到不断提高。

## 三、高职教师专业发展途径

高职教师的专业发展是高职院校提高教学质量和可持续发展的必然要求，也是高职教师自身成长和发展的内在需要。教师专业发展的途径有很多，高职教师的专业发展，结合其职业特点，主要有以下途径。

### （一）专家引领带动整体提升

近朱者赤近墨者黑，环境对于一个人的成长来说至关重要，甚至影响个人的发展。对于一个教师来说，如果他一直处于一个学习型的环境之中，在这种氛围的熏陶之下，他必然会潜移默化、不断成长。如果他一直处于一个消极的环境之中，他必然也会受其影响。在教师学习成长的过程中，能够影响到他们的便是教师队伍中的专家。在教师队伍中，专家的引领作用对教师的发展很重要，甚至影响到整个团队。因此，要提升教师队伍的整体水平，就需要加强对专业带头人和课程负责人的培养。优秀的专业带头人和课程负责人要拥有扎实的学术知识、突出的科研成果、同时还要师德高尚、治学严谨，他们要发挥带头人作用，引领着青年教师不断向前，培养他们的科研能力和教学能力，带动教师的专业发展。

要提升教师队伍的整体能力，专业带头人很重要，但是仅仅这些还是不够的。除了校内带头人发挥引领作用之外，还要邀请校外的专家学者来做专题报告、项目研讨、示范课程观摩、典型案例分析等活动。通过交流合作来拓展教师的思路，引领他们的创新能力，不断提高教学质量。

### （二）企业实践提高职业能力

教育主管部门和高职院校应制订激励政策支持高职教师“下现场”，深入行业企业进行实践锻炼，丰富实践经验，了解熟悉相关行业企业的经营、管理、运作模式和工作流程，培养实践技能，切实提高实践教学能力，从而在教学过程中能有的放矢，“工学结合”，加强对学生的职业技能培养，促进学生的专业技能不断发展。同时，加大校企合作力度，聘请具有丰富行业经验的技能大师和产业教授在学校设立工作室，经常性地为师生开办讲座、指导实习实训等，提高教师的实践教学能力和学生对知识技能的实际运用能力。高职院校应从政策和经费上支持教师利用工作之余和寒暑假参与企业实践活动，大力培养具有理论基础和实践技能的“双师型”教师。在职称评定方面对既有专业理论知识又有实践指导能力的“双师型”教师给予一定程度的倾斜，以鼓励高职教师转变观念，努力提高自己的实践技能和职业能力。

### （三）参与项目提高研究能力

随着时间的推移，社会对于高职教育的要求越来越高，对于高职教师也提出了更多方面的要求。高职教师不仅仅只是传授给学生知识，他们还有另外的身份，如学者、专家、研究者等等。在高职教师的成长过程之中，教授知识只是最基本的要求，教、学、研相长才是他们成长的重要途径。在教授知识的基础上，积极参与项目研究，“以研促教”，不断提升自己的教学能力与研究能力，这是高职教师成长发展的必由之路。

教师要参与项目提高研究能力，需要高职院校为其提供良好的条件。首先，高职院校要加强与政府和企业的合作，不断促进产教融合，建设好产、学、研合作平台，为教师提供良好的物质条件。同时，高职院校还要将教师的个人收入与科研成果挂钩，以提高他们的积极性，营造一个积极活泼的科研氛围。通过建立一个准确有效的科研考评机制，公平公正地考核教师的科研能力，为高职教师的项目研究创造积极条件。其次，加强学术交流，促进教师科研能力的提升。在学术交流过程中，教师能够了解到国内外涉及专业的最新动态，借鉴学习他人的科研方法，通过各种方式方法推广科研成果等等。最后，要围绕各种项目，建设一支专业的科研团队。通过其发挥科研带头人的作用，互帮互助，提高高职教师的科研能力。

### （四）合作交流促进资源共享

高职院校要发展，就需要与不同的体系、结构进行交流合作。在这个过程中，通过互相交流，双方可以资源共享、取长补短，共同提高。例如，高职院校与政府部门、科研院校、企业、院校之间等等。高职院校要想往国际化发展，首先需要加强与国外教育机构的交流和合作，了解其发展状况，然后仔细谋划分析。同时还可以将一些国外的比较先进的教学理念与资源进行引进借鉴，将其中好的部分用于高职院校教学，提升高职院校的教学水平。国家“一带一路”的发展促进了我国高职教育与国际的接轨，有助于高职教育不断向外输出我国的优质高职教育资源。对于教师来说，合作交流也会促进其不断地发展成长。学校要大力提高教师专业素养，通过各种国内外交流活动满足其学习与发展的需求，为教师的成长发展奠定坚实的基础。

### （五）终身学习促进持续发展

高职教育是以就业为目标导向的，为了培养学生的实践技能和工作经验，教师在传授专业知识理论之外，还需要熟悉职场实践过程和岗位工作流程，然后将它们熟练掌握后传授给学生，并且根据学生的具体操作从旁加以指导改进，不断培养学生的实践技能。教师不仅是知识的传授者，同样还是实践活动的示范者与指导者。在当今社会，对于高职人才的要求逐渐提高，教师也要不断地学习发展自己，才能够跟得上时代的脚步。高职教师要不断地吸取各种新知识，与时俱进，不断地提高综合能力，发展专业素质，积极地适应学校改革发展和人才培养的需要。高职教师要不断增强自身获取分析知识与信息的能力，不断丰富自己的知识结构，树立终身学习的理念，积极响应高职教育事业可持续发展的要求，从而更好地服务学校的发展，同时也能促进自身的可持续发展。

高职英语教师的专业发展途径与其他高职教师大致相似，同时又具有其自身的特点。基于目前高职教育改革发展的总体要求和发展趋势以及高职英语教学改革的实际，作者认为高职英语教师的专业发展除了前述的几个途径外，目前要重点加强对高职英语教师的信息化教学能力、行业英语教学能力和课程思政教学能力的培养，以使高职英语教师更好地适应当前高职英语课程教学模式和教学内容深化改革的需要。

## 第三节　高职英语教师专业能力的培养

### 一、英语教师信息化教学能力的培养

随着高职教育改革的深入、信息技术的快速发展和在教育中的广泛应用，信息化教学在高职英语教学中也越来越普及。例如，语言实验室已从过去的模拟实验室发展为数字实验室，语言实验室的集成性和功能变得越来越强大；各种信息化的应用平台也不断地引入高职英语教学中，如高职英语自主学习平台、英语MOOC平台、高职英语应用能力在线考试平台、高职英语教学资源库和各种英语学习软件等。这些信息化英语教学资源对促进高职英语教学模式和学习模式的改革创新，对提高学生自主学习能力和高职英语教学质量发挥了重要作用。但是在信息化教学推广应用过程中，由于高职英语教师的信息化素养相对比较薄弱，信息化教学能力总体不高，这在一定程度上阻碍了信息化教学资源在高职英语教学中的充分利用和教学成果产出，也不利于高职英语教学改革的深入推进。因此，加强高职英语教师培训，尽快提升教师的信息化素养和教学能力，是当前高职英语师资建设的重点之一。

#### （一）高职英语教师信息化素养培养

1. 信息化素养内涵

信息化素养是指对信息进行检索和应用的能力，同时还包括了解何种信息被需要的能力。信息素养是一种利用丰富多彩的信息工具来解决问题的技能。还有人将信息化素养定义概括为：一个具备信息化素养的人，知道了解什么信息会被

需要，去哪里搜寻这些信息，如何对搜集来的信息进行评价，如何利用这些信息得到自己想要的东西等等。还有人认为信息化素养就是指在信息时代每个人都必须具有的一种能力，这种能力能够使人们通过运用计算机比较熟练地找到问题并解决。关于信息化素养的概念有很多，且十分丰富，但其主旨都是指人们对于信息的一系列的处理流程，如查找信息、确定信息、评估信息、组织信息、生成信息等等。在当今这个信息化社会中，信息化素养尤为重要，只有充分了解各种信息才能够形成正确的认知，也才能够做出正确的决定，发挥出自己的最大潜能。因此，总体来说，信息化素养就是对信息的处理能力。要想提高信息化素养，就需要具备与信息有关的各种能力，包括从分辨信息、搜集信息到最终对信息进行充分的利用。高职教师在工作过程中也是一样，必须要充分了解各种信息，包括教学信息、学生信息、学校信息等等。在了解这些信息的基础上，然后对其进行分析处理，最终获得有用处的信息，然后利用这些信息更好地为教学服务。通过对信息的正确了解，也会提高高职教师对于各种问题的解决和分析能力，提高教师的教学水平。

2. 高职英语教师信息化素养内涵

高职英语是我国高职院校一门非常重要的必修公共基础课。随着当今世界科学技术高速发展，互联网技术以及计算机已广泛应用到各个领域，这对于高职英语教学改革来说，既是一个重要的技术基础，又是一个极好的发展机遇。自2004年开始，我国在高职院校全面推行了新一轮的教学改革，重点突出了以计算机的推广为基础，全面开展网络教学的改革，自主学习的方式在高职院校英语教学中受到了有效的推广。高职英语教学不再像以前那样只能通过大课堂“满堂灌”，教师也不再是课堂的主角。信息化教学改革后的英语课堂突出以学生为中心，课堂上的师生互动越来越多。正是因为有了信息技术高速发展的成果作为支撑，高职英语教学才有了加快改革步伐的条件和基础。高职英语教师应当充分利用信息技术这一有利条件，转变教学观念，提高自己运用信息技术来改变教学的能力，树立创新精神，为国家的经济社会建设不断输送更多优秀的技术技能型实用人才。

对于高职教师来说，他们也需要具备一定的信息化素养。这要求他们能够获取信息、识别信息、加工信息，然后对加工处理后的信息进行充分利用和传递。高职英语教师要具备一种综合性能力，利用各种信息搜集与处理工具来收集信息、分析信息、呈现信息，向学生传授英语理论知识以及口语训练技能，帮助他们学会应用英语语言。这是当今信息化社会对于高职教育提出的要求。总体来说，高职教师的信息化素养大致包含两方面的内在含义：一是信息理念。在当今信息化社会中，要形成信息化的意识，正确认识信息，就要求教师摆正对信息的态度；二是信息能力，即实际操作信息层面的一系列流程，即搜集信息、辨别信息、分析信息、利用信息等等。英语高职教师的信息化素养主要有五个方面，即信息意识、信息知识、信息能力、信息和课程整合能力和信息伦理。其中，前四项为教师在自主学习或者对学生进行网络教学的过程中，所必须具备的信息化素养。

3. 提高高职英语教师信息化素养的途径

目前，在高职英语教学中，信息化技术还没有得到充分地发展和深入，我国高职英语教师普遍信息化素养并不高。对于高职英语教师来说，其信息化素养的提高主要是为了提高当前学校的英语教学质量，推动高职英语的信息化改革。因此，要提高学校的英语教学质量以及推动英语信息化改革，就需要增强高职英语教师的信息化素养，在英语教学中广泛应用并发展信息技术，不断推进英语信息化技术的改革，加快信息化素养的培养。

对高职英语教师信息化素养的培养主要有以下途径：加强教师信息技术培训；组织教师开展信息教学实践；加强教师自学等。

（1）加强教师信息技术培训

在高职英语教学中，要广泛引入并普及信息技术，而这就必须要加强对高职英语教师的培养，增强其信息化素养。既要有扎实的英语语言理论基础知识，同时还要有对于网络技术的应用能力，这是一个真正的网络英语教师应该具备的能力。因此，在高职英语网络教学以及自主学习的改革实施过程中，首先要解决的问题就是高职英语教师的信息化素养的问题。要提高高职英语教师的信息化素养，可以采取的措施有：学校定期举办信息技术培训、组织教师多参与其他信息化培训、与有关信息化教育机构合作培训、进行信息化理论与实践技术的结合等等。另外，在对教师进行培训时，要注意与实际需求相结合，展现出信息化技术在英语教学中的实用性。例如，如何设计英语教学课件、如何整合英语教学内容与信息化技术、如何设计和制作微课等等。在我国高职院校中，英语教师一般教学任务比较繁重，因此不能长时间进行培训，否则无法兼顾教学任务，因此，可以适当地开展一些短期培训、网络培训等等。学校还可以安排一些英语教师到一些信息化技术应用较好的学校进行参观学习，也可以开展一些与信息化技术有关的竞赛，大力提升高职英语教师的积极性和参与性。此外，还可以邀请一些软件生产的技术人员来举办讲座或者对教师进行培训，使教师更好地熟悉软件设备、掌握软件的使用，提高信息技术水平，不断提高信息化素养。

（2）组织教师参加信息技术实践活动

要提高教师的信息化素养，仅仅依靠对信息化理论知识的认识是不够的，还需要了解其实际操作。因此，教师需要不断进行教学实践训练才能逐渐增强信息化素养。而且，信息技术的终极目标就是对于信息的高效利用。利用信息技术解决教学问题，提高教学质量，最终推进教学改革，这也是教师提高自身信息化素养的最终目标。由于高职英语教师本身就是英语教学的实践者，他们能够更直观、清楚地了解学生需要怎样的英语知识。他们积极搜集各种对学生有益的英语教学资源，建设设计在线课程，积极参与各类信息技术实践应用活动。在这个过程中，教师能够更加充分地认识到信息的重要性，进一步提高分析处理各类信息的能力，不断提高自己的综合能力。在信息化教学资源建设过程中，他们查找、制作、编辑各种教学资源，通过这些信息实践活动，他们能够将信息化技术更好地融入到英语教学和学生自主学习的过程中，促进学习效率的提升。

（3）加强教师自身学习

自主学习、反思提高、强化应用是教师专业能力发展提升的重要途径，也是教师提升信息化素养的有效方法。高职英语教师应当加强自学能力，充分利用网络、信息化工具等及时更新自己的知识储备，了解和掌握新的理论、新的观念、新的技术，自觉地不断提高自身的信息化素养。我们现在正处于一个信息飞速发展的时代，各种新的技术、新的观念更新发展非常快，所以高职英语教师必须时刻保持学习的热情，坚持不懈地学习新的教学理论、学习计算机和网络的新技术，学习各种信息化课程的开发技术和方法，学习各类新的信息化教学设备和教学软件的使用方法，学习音频、视频的制作技术，学习网络查询和收集资源的技巧，学习利用网络开展教学的新方法等。信息化时代的到来要求英语教师必须尽快提高自己的信息化素养。以计算机为载体、互联网为发展平台的信息化技术的飞速发展，给高职英语教学的改革与发展带来了前所未有的发展机遇，同时也面临着巨大的挑战。为了尽快适应并充分利用好这些变化，高职英语教师应当尽快更新观念，转变角色，提升自身的信息化素养。建立起一支高素质的善于使用信息化教学手段的高职英语教师队伍是当前高职院校英语师资队伍的重点。

### （二）高职英语教师信息化教学能力的提升

1. 信息化能力提升的重要意义

在当今社会，教育信息化是教学改革的一个重要目标，它极大地促进了教学方法、教学理念、教学思想等方面的变革。要实现教育信息化，就需要不断地发展科学技术。同样，教育信息化的实现与教育方面的发展也有一定的关系。在高职英语教学中，大力推广信息化技术，将信息化技术与英语教学相结合，能够提高英语教学的效率。近几年，信息技术飞速发展，信息越来越成为学习与工作中不可或缺的一项。因此，进行信息化教学不仅满足了教学改革的需要，还满足了时代发展的需求。当代大学生对于网络、信息技术等比较熟悉，但是由于网络信息过于纷繁杂乱，学生在查找信息的过程中容易受到各种干扰和诱惑，不仅影响学习，还容易影响心理健康。因此，高职英语教师必须对学生进行专业化的指导，引导学生如何进行自主学习、如何通过信息技术查找学习信息。在进行指导之前，高职英语教师必须首先提高自己的信息化素养，发展自身信息化能力，这样才能够更好地将信息化与英语教学联系起来，更好地指导学生进行自主学习，促进学生自主学习能力和综合能力的提高。

国家发布一系列文件，鼓励和支持高职院校对英语教师信息化能力的培养，以不断改进和创新教学模式和教学方法，提高大学生的英语应用能力。教师信息化能力的培养有利于促进其教学能力、科研能力和专业能力的提升和发展。

（1）信息化能力促进教师教学能力提升

高职院校英语教师不仅应当掌握基础的信息技术，而且要充分利用这些信息技术，将信息技术和英语教学结合起来，创新教学模式，改进教学方法，从而不断提高自身的教学水平和教学能力。例如，教师可以在备课时充分利用一些网络资源来丰富课堂教学的内容；教师可以引导学生在信息化技术虚拟的教学情境下开展学习以提高学习效果；教师可以利用一些高效便捷的信息化工具来对学生进行教学评价以提高评价的多元性和科学性；教师可以将先进的信息技术与英语教学内容整合起来提高信息化教学的水平和教学效果。由此可见，着力培养教师的信息化能力可以有效提升教师的教学能力。现代教育理念注重提高学生自主学习的能力，鼓励学生充分利用网络和计算机技术参与教学，根据自身特点开展个性化学习。在信息化教学模式下，老师的角色发生了变化，他们不再仅是知识的传输者，更是知识、信息、资源的积极促进者，不仅重视对学生学习结果的评价，更重视对学生整个学习过程的考核评价。因此，信息化教学改革，必然推动教师教学观念的改变和教学能力的提升。

（2）信息化能力促进教师科研能力提升

高职英语教师在教学过程中通过对自身的教学过程和教学经验进行反思，不断提高自身的教学能力和综合素质。随着现代信息技术的不断发展，高职教师获得了更加多样化的技术手段，通过使用这些信息技术，他们能够获得更加丰富的信息资源，为科学研究的进行提供了更加广阔的舞台。因此，高职英语教师需要时刻学习各种信息化技术，提高信息化素养，发展信息化能力，将信息化与英语教学融合在一起，促进自身专业水平的提高。

与之前仅仅能够从书本上获得知识相比，信息化技术的发展使教师能够通过网络手段获得更加丰富多彩的信息。要将英语教学与信息技术整合在一起，高职英语教师不仅需要学习新的教学理念，还需要具备扎实的英语基础知识，同时还要掌握标准的信息化技术。只有这样，教师才能够设计出更加符合学生现状的教学模式。因此，教师要不断提高信息化能力和教学能力，利用丰富的信息化技术和教学手段，及时解决学生的各种问题。针对越来越现代化的信息手段，教师要加强科研能力，不断反思自己的教学，以增强自身信息化素养。

（3）信息化能力促进教师专业能力发展

现代社会是一个信息化的社会，信息技术为教师提供了更加丰富的资源和手段，促进教师形成终身学习的理念。教师信息化能力的提高，使教师有更广的途径获得更多的信息和专业资源，能够促进教师专业能力的发展和提高。高职英语教师要通过信息化能力的提升，及时了解和学习新的教学理念、教学方法和教学策略，加强与学生的互动交流，了解学生的所思所想所需，不断提高对层出不穷的新教材、新软件的鉴别、分析和选择能力，根据自己的教学对象、教学目标和教学实际，对海量的教学资源进行遴选、整合，设计最优化的教学方案，创设信息化的教学环境，从而提升自身专业能力和教学水平。由此不难看出，在现代教育改革中，教师信息化能力的提高对教学改革的成败起着关键性的作用。

2. 基于信息化教学的高职英语教师的角色定位

当今信息化飞速发展的时代背景下，社会对于高职英语教师提出了更高的要求。因此，要满足时代与社会的要求，高职英语教师必须要改变传统的、旧的教学模式和教学理念，采用新的、先进的教学手段和模式，迎接新的挑战。为适应信息化教育，除一般英语教师角色外，高职英语教师还担任以下几个角色。

（1）教学资源的设计者和开发者

随着信息化的不断发展，高职英语教师的职责发生了转变。之前，他们使用的是单一的、简单的教具，现在教师使用的是多媒体教学。之前，他们是器具与媒体的使用者，而现在他们已经转变成为多媒体教学资源的设计者、开发者和使用者。英语教师不仅要设计制作好英语的教学课件与资料，同时还要负责学生之间的交流，解决各种问题。因此，教师要完成信息化教学任务，除了要拥有专业基础知识与信息化教学能力外，还要学会团队合作与交流。

例如，英语教师在对语言单元训练任务的设计时，要使学生通过对真实任务的探索、学习和语言训练，既能够拓宽语言知识，又能提高语言技能，同时要提升自己解决问题的能力。这就要求教师在网上有针对性地设计能够提升学生语言技能和综合能力的学习任务，并让学生在一定的教学情景下在规定的时间内完成任务，而且提交后很快就能查看任务完成情况评价结果。语言单元训练任务的完成是学生解决问题、实现教学目标任务的前提，他们只有掌握了必备的语言素材，才能对相关的语言材料进行操练和应用。学生可以选取教师设计的各项单元任务，如“生态旅游”“铁路发展”“网络购物”等，通过网络查找相关资料，并对信息和材料进行分析整理，并和老师、同学进行讨论交流，最后以网上作业的形式提交自己的单元主题任务研究成果。

（2）教学模式的构建者和实施者

教师如果能够正确的运用信息化教学，那么就能够提高学生的学习效率，同时还能够激发其学习兴趣。例如，教师可以选择学生感兴趣的热点话题，通过设计不同的教学主题来激发学生的兴趣爱好，围绕着这一个主题，设置好教学目标和学习任务，将学生划分为不同的学习小组，小组之间互相分工共同合作完成学习任务。在这个过程中，学生可通过查阅资料获取信息，进行小组讨论并最终决策，接着制作 ppt 等进行课堂展示，然后由同学互评，最终教师提出意见。除此之外，还可以在线上进行展示，学生将自己的结论制作成小视频，然后进行总结展示。教师要引导学生使用多种信息化技术，合理使用线上线下两种方式，调动学生的积极性和参与性，促进学生学习能力以及团队合作能力的提高。

（3）学生网络学习的监控者和帮助者

通过网络多媒体进行教学，有诸多好处。如教师可以通过网络实时在线关注学生的学习情况，及时帮助学生排忧解难。教师可以通过对学生教学视频的学习次数和时长进行分析，从而得知学生的学习进度；教师还可以通过查阅学生在论坛上的参与度来了解学生的学习积极性；通过查阅单元测试的成绩了解学生的学习成效等等。通过网络实时监控，教师能够记录学生的学习过程，了解学生、帮助学生，促进学生对于知识的掌握，促进教学任务的完成。

同时还要注意因材施教，不同的学生有不同的问题和想法，根据学生的特点，给予每个人不同的指导，使每个人都能够实现最终的教学目标。教师在帮助学生开展网络学习时，要注意人情化管理，对学生的探索和研究要给予更多的鼓励，促使学生克服畏难情绪，树立学习信心，顺利解决问题，完成自主学习任务。

（4）学习方法的指导者和学习动机的促进者

在信息化教学环境下，学生要顺利完成学业，首要的任务是摒弃陈旧的学习观念和墨守成规的惰性思维，养成主动学习的良好习惯。教师在引导学生转变观念中起着至关重要的作用，所以，教师应协助学生从应试式的接受知识输入的被动者身份向自主获取知识、积极参与知识构建的主体身份的转变。因此，教师必须转变教学观念，实现由课堂主讲人向学生学习的组织者和指导者的身份转变。教师根据教学目标精心设计教学方案，组织教学内容、学习任务和教学资料等，而学习者则通过教师提供的教学材料和讲解、指导进行学习。信息化背景下，教师介绍教学目标、教学内容、学习方法和考核评价等，还要对学生进行培养，培养其形成一个良好的学习习惯，提高其学习参与度和学习积极性，最终提高学习效果。而学生在老师的授课和指引下，有计划、有针对性地进行自主学习和个性化学习等，养成良好的学习方法，提高学习成效。

学习者由于自身知识和认知的限制，对整体的教学目标和教学过程往往无法全面理解和准确把控。所以在进行自主学习时，学习者经常会遇到各种问题和困难，从而丧失学习兴趣和学习主动性。在现代信息化教学背景下，教师应该借助于交互式课程设计与组织，通过多媒体、微课等多重感官刺激，并使用翻转课堂、慕课等新型教学模式，主动激发学习者的学习兴趣，并为学习者不断创造知识的再发现的学习环境，使学生体验学习成功的喜悦，激发并维持其强烈的学习动机。

（5）学习系统的构建者和交互学习的促进者

对于学生的学习来说，网络教学是十分便利的，但是，这并不是一件容易的事情，仅仅依靠高职英语教师是无法实现的，必须还要在信息技术人员的帮助下完成。首先，信息技术人员要将信息技术与教学结合在一起，搭建一个在线的学习平台或者是在线的开放课程系统。这个系统包含两个端，即教师端和学生端，在学生提交个人信息之后，教师进行识别批准之后，就可以进入系统学习了。这个在线学习系统包含内容众多，如课程介绍、单元学习包、互动讨论、期末考试等等。其中单元学习包包括教学课件、教学短视频、文本资料、作业、单元测验等等。通过在线的学习系统，学生可以随时随地地学习，十分方便，还能够随时与教师进行互动答疑交流等等。

高职英语教师在教学生英语的过程中，仅仅依靠单纯语言输入是不对的，实际上，学生要想真正地学好英语，就需要多多交互练习，因为只有这样，才能够真正地习得英语。而在信息化的发展过程中，网络多媒体就为英语的教学提供了更好的交互练习的条件。因此，教师不仅要经常组织各种英语交互学习的主题活动，还要积极鼓励学生多多参与英语的交互学习。比如，在学习系统的交互讨论区布置学习任务，引导学生如何认识分析各种问题，组织学生踊跃发言、互相交流等等。通过这些措施，不仅能够提高学生的英语口语能力，还能够提高学生分析、解决问题的能力。通过这些交互活动，学生之间可以进行实时交流，学生与老师也可以进行及时交流。在教学活动中，学生是学习的主体，教师的身份是学习的促进者，双方通过多种方式进行交流互动，进行多种交流探讨，促进学生的学习。在教学信息化的发展过程中，教师的身份也发生了改变，由传统的学习监管者，变成了学习的合作者。

（6）大数据的运用者和终身学习的实践者

当今社会，信息技术发展到大数据阶段。随着大规模的在线开放课程的不断推广应用，学生可以免费获取大量的社会优质课程资源和所在学校的特色在线课程资源，学生英语学习也有了更多途径可供选择。这就给大学英语教师提出了更高的要求。大规模在线开放课程平台的建立，使得学习各门网络课程的学生不断增多，也促使网络课程资源得到不断丰富和发展。高职英语教师可以通过对学生的海量学习信息进行搜集和分析，能够更准确地把握课程特点、学生特征、学生学习状况和学生学习效果。教师可以根据大数据分析的结果，进一步了解学生学习规律和课程运行中存在的问题，从而进一步优化课程教学内容和方法，更好开展因材施教。

当今社会，是不断发展着的社会，终身学习已经发展成了全社会共同的发展理念。因此，针对高职教师也提出了更高的要求，高职教师要不断学习新的理念，学习新的知识理论方法，这样才能够跟得上时代的脚步。高职英语教师需要终身学习，不断更新自己的教学理念，学习各种新的知识与技能，根据教学状况不断提高教学的方法和手段。随着当今信息化的不断发展，教学方法和手段在不断更新换代，教学模式也在发生着各种变革，教师必须要积极进取，不断探索，勇于创新，进行各种积极实践与改革等等。只有这样，教师不断发展自己，才能够适应时代的需要。

3. 信息化教学对高职英语教师能力的要求

教师的信息化教学能力主要体现在三个层面，即信息素养能力、知识融合能力与反思性实践能力。信息素养能力，包括信息的获取、加工与开发利用。知识融合能力，包括将教学知识、专业知识与信息技术知识结合起来的能力。反思性实践能力，包括问题解决、行动反思以及反思创新能力等等。

教师除了要具有信息化教学能力，还包括信息技术能力。其中信息技术能力主要包含四个方面，即搜索、创新、运用、分享。

搜索是指教师要了解各种信息搜集工具、各种搜索方法工具等等，运用这些方法能够搜集需要的各种教学资源。

创新是指教师要掌握各种加工工具，可以对教学素材进行加工改造，通过教学需要对其进行修改，以实现资源的创新利用。

运用是指教师要灵活运用信息技术，将它与教学相结合。

分享是指教师要利用信息技术手段，充分实现教学真正的资源共享，共同学习。

4. 信息化教学背景下高职英语教师发展途径

（1）更新理念，终身学习

教师的职业特点决定了教师要终身学习，不断研究，不断创新。教师在教学过程中承担着多重任务，承担全部课堂教学活动的设计与组织实施。教师是学习活动的组织者，学习活动需要教师进行组织、正确引导。在信息化教学环境下，教师增添了更多新的角色，也发挥着更加重要的作用。信息化教学模式与传统教学模式存在很大的差异，教师要想适应和胜任信息化教学模式，就必须树立终身学习理念，坚持主动学习、不断学习。传统的教师培训，通常是专家讲座式、观摩考察式等形式，缺乏针对性和实效性。信息技术的飞速发展打破了人们交往的时空界限，拓展了教师的学习培训空间。学校可以聘请专家开展网上培训、指导、诊断、评价。教师也可以通过网络开展学术交流，提高自身的教育教学能力。与此同时，教师还要不断地更新教育观念，以学生为主体，为之提供充足的教学资源以及教学指导，利用各种方法激发学生的学习兴趣，以学生为中心，促进其全面发展。

（2）注重实践，提升能力

在教学过程中，除书本知识之外，教师还要更加注重提高自身的实践能力，提高自身的专业水平，努力适应现代化、信息化的发展要求。教师在教学过程中的发展过程就是其人生价值的实现过程，在这个过程中，教师要首先认清自己的目标，然后不断提升自己、发展自己，最终实现教育目标，也实现自己的人生价值。教师在不断学习提升的过程中，不断地学习各种新知识，与时俱进，使教学工作保持旺盛的生命力。因此，要成为一名优秀的教师，需要掌握各种技能，除专业技能、教学技能之外，还要掌握心理学、信息技术等方面的能力，不断提高自己的综合素质。

（3）注重反思，促进发展

在教学过程中，教学反思是一个很重要的步骤。如果仅仅是盲目地进行教学，而不听取反馈进行改进的话，那么就无法自我提高。因此，教师要想发展自我，就必须进行自我反思，分析教学过程中遇到的实际问题，不断学习与提高。高职英语教师需要在加强自己英语专业技能的同时，多多与其他教师分享，加强与其他学科的交流合作，共同提高，共同进步。高职院校还需要加强对英语教学科研团队的建设，培养教师的科学研究能力与创新能力。教师要根据各种反馈，正确认识自己，了解自己的优缺点，不断优化自己的实践经验，促进自己的专业发展。同时结合实践不断创新，提高自己的信息化素养，提高自己的教学质量，以满足职业教育的发展需求。

（4）营造环境，加强培训

要加快高职英语教师的专业化发展，学校必须为教师营造良好的发展环境，并提供有效的支持。一是组织开展校本培训活动。可以组织骨干教师编写培训材料，对青年教师进行培训帮助，促进青年教师分享成功经验，掌握现代教育技术。积极组织信息化教学大赛，加强教师信息技术与课程整合训练，大力鼓励优秀中青年教师参加，互相学习，取长补短，共同提高；二是加强网络培训。可以通过网上视频学习或专家引领这一途径，达到提升教师自我信息技术应用水平的目的。通过建立或加各类信息技术 QQ 交流群和微信交流群，组织参与 BBS 论坛讨论等，达到相互交流，相互促进的目的；三是对教师实施分类培养。对于骨干教师或学科带头人，强调具体任务的落实，要求对信息技术的应用做出示范与引领。对于中青年教师，学校可以提出或制订明确的发展计划，使他们有计划、分阶段完成相应的任务，提升教育教学能力。

（5）加强教师信息化能力的培养

随着信息技术的不断发展，信息化教学已经逐渐成为高职英语教师必备的基本素养。而且它目前已经不仅仅是教学的辅助手段，而是成为现代教育的重要组成部分。教师通过运用信息技术不仅能够灵活地开展各种教学活动，同时还能进行实践演练，使学生掌握文化知识的同时，提高他们的实践能力。信息技术作为一种新的技术，给学生的成长和发展带来了新的机遇。教师将教学与信息技术相结合，不断地整合各种知识，从而优化了自身的知识结构。通过对各种信息灵活运用与处理加工，引导学生自主学习，鼓励其积极探究，提高了教学质量。只有教师充分具备信息化素养，才能够充分发挥信息技术在教学中的优势，才能够不断深化改革，才能够提高教学质量。因此，高职教师必须要增强自己的信息化素养，充分认识到新时代的新要求，不断学习新理论、新知识、新技术，才能够追赶上时代的脚步，成为一名具有时代气息的高素养教师。

## 二、英语教师行业英语教学能力的培养

行业英语教学是企业岗位能力需求与高职英语教学的结合点和切入口，能使高职英语教学与学生未来的目标岗位群紧密联系，真正把英语学习转变成学生今后专业领域中解决问题的工具。因此，行业英语是高职英语教学改革的重点和难点，而要顺利推进行业英语教学改革并使改革取得明显实效，加强高职英语教师行业英语教学能力的培养是关键。

### （一）高职院校行业英语教师应具备的能力

1. 扎实的英语文化功底

高职英语教师必须具备丰富的英语语言知识，这是最基本的条件，是教学的基础。作为一名高职英语教师，对于英语的词汇、语法、句法等都要有深入且全面的了解。另外，高职英语教师也只有掌握了英语文化知识和教学知识，才能够进行之后的一系列操作，如教材编写、课程设计等工作。

2. 必要的专业知识和能力

除了基本的英语语言文化知识之外，高职英语教师还要掌握一些必要的与行业英语有关的专业知识。例如，从事轨道交通行业的英语教师，除拥有英语文化知识能力之外，他们还要熟悉铁路某些岗位的工作内容与流程，以便于指导学生如何在规定情境中训练实际英语能力。因此，对于行业英语教师来说，他们必须要掌握一定的专业技能，具备一定的经验，才能够进行与专业相关的英语培训与实践。而且这样更加具有针对性，有助于教师将专业与英语知识相结合，最终找到合适的教学策略，培养学生的专业英语知识与能力。因此，行业英语教师必须要掌握一定的专业基础知识和专业实践知识。其中，专业实践知识是行业英语教师的重点与难点。因为，实践知识必须经过工作实践才能够获得，这就需要教师加强与企业的联系，主动参加企业实践，锻炼自己的专业实践知识，从而丰富自己，教授学生。

3. 行业英语课程教育学知识

教育学知识是教师形成教学能力的基础，有利于教师构建科学的教学观、学生观和学习观，也有利于教师在实际的教学情境中开展反思性和探究性的教学实

践，是影响教学成效的重要因素。英语教师只有具备比较丰富的教育学知识，掌握了教育学有关原理，才能在面对行业英语教学任务时，从容应对，科学施策，以最优化方案组织实施行业英语教学，以提升行业英语的教学效果。

4. 较强的实践能力和指导能力

要想成为一名优秀的行业英语教师，必须要具备一定的企业实践能力。只有这样，才能在教授学生时能够简单地描述各种岗位操作流程，才能展示出在不同情境下的英语应用能力。通过教师的演示指导，学生才能够对未来的职业进行深入的了解。

5. 较强的科研和创新能力

高职英语教师要重视科研工作，科研是创新的摇篮，也是提升专业素养的有效途径。科研与教学是双向促进的关系，以研促教，以教促研，通过进行科研，能够很好地提升教学质量，提升专业素养。而且在高职院校内，创新教育是很重要的。行业英语教学是一个综合多方面知识的教学项目，需要教师的创新思维和综合能力支撑。因此，高职英语教师应主动培养自身的创新能力，从而培养出更多创新型的高素质技术技能型人才。

### （二）高职行业英语师资存在的问题

目前，从事行业英语教学的教师主要来自通用英语的教师和部分专业教师。行业英语师资主要存在以下问题：

1. 师资的知识结构存在缺陷

目前不少教师，由于知识结构的缺陷，不能很好地胜任行业英语教学工作。通用教师多属于语言型或文学型的人才，具有比较熟练的语言教学技能和深厚的语言学基本素质，但缺乏行业英语教学方法和经验。由于不熟悉目标语境，部分英语教师在教学中难以将英语与专业知识和行业背景有机结合起来，因而给教学带来一定的困难和局限性。专业教师的优势是熟悉本专业的专业知识和相关行业词汇，同时又是该专业的行家里手。但由于他们英语应用能力水平有限又缺乏语言教学经验，因此在教学时，主要采用传统的灌输式教学法或翻译法教学模式，难以开展语言综合技能的全面训练，整个课堂只有来自教师的输入，因而教学效果并不乐观。

2.“双师型”教师队伍比例偏低

高职教育作为一种类型教育，具有自身的本质特征。“双师型”是高职教师职业内涵的重要特征。目前，大多数高职英语教师缺乏企业工作经历和生产实践经验，不具备职场环境中的实训的组织指导能力，因而无法满足行业英语教学的需求。

3. 行业英语教学支持力度不够

行业英语教学在高职院校是新生事物，实施时间不长，积累经验还不足，教学成效尚未充分体现，目前还没有得到教学管理部门的充分重视。行业英语教师在教学过程中，没有成熟的模式和经验可以借鉴，自身已有的知识结构还需要重新调整，面对繁重的教学任务和教改压力，又无法得到管理部门的有力支持，专业发展陷入困境，在一定程度上影响了行业英语教学的效果和可持续发展。

### （三）高职行业英语教师的培养途径

1. 加强英语师资团队建设

在高职院校内，教师不仅要具有深厚的专业知识，还要有实践能力。打造符合高职院校标准的教师队伍一直是一个难题。而如今要想使行业英语教师快速地符合高职院校的要求，就需要高职院校与企业开展合作。通过使高职院校教师到企业进行实践培训，来增强他们的实践能力，从而培养出符合标准要求的具有专业知识与实践能力的教师团队。例如，学校可以鼓励行业英语教师多参与专业课的听讲与进修，对其进行专业化培训，之后去合作企业进行实践等等。另外，学校还可以在校内搭建合作教研室，将一些经验丰富的老教师与优秀的青年教师都吸收进来，搭建一个合作交流的平台，通过互相交流分享看法，将英语与其他不同的专业学科互相融合，合作共赢。高校还可以邀请一些企业工作人员来到学校进行演示指导，培养教师的实践能力，教师也要定期去企业提高自己的实践能力。

2. 加强行业英语师资培训

要想在短时间内提高教师的专业技能水平，就需要对教师进行培训，主要有两种方式：一是校本培训，二是校外培训。校本培训主要是指在校内进行的培训，学校将老教师与新教师结成对子，老教师对年轻教师进行帮扶，传授他们自己的教学经验，或者邀请一些其他院校的知名讲师、专家来进行访谈讲座等活动，来帮助青年教师，培养其不断成长。学校还鼓励青年教师进行深造，提高学历层次，提高教师队伍的整体素质。校外培训是指高职院校与一些企业合作，建立了双师培训基地，通过选取一些青年教师到企业进行实践，来培养他们的实践能力和工作经验，同时完成培训课程后还可以获得职业资格证书。

3. 搭建英语教学指导委员会平台

高职基础英语的改革，在各级高职高专英语教学指导委员会指导和推动下，在过去的几十年中取得了显著的成绩。行业英语作为职业院校刚刚推行的新的教学体系，它到底该如何去设计和实施，去改革和发展，还没有成熟的模式可以借鉴，需要各个学校和行业英语教师自行摸索，不断实践。同样，高职行业英语教学也需要国家、省市行业英语教学指导委员会的指导和帮助。教学指导委员会可以组织各级各类专家来指导教学大纲设计、教材编写、课堂实践、课程评估，监督课程的实施，也可以通过组织活动和开展项目，给教师提供共同探讨、共同交流行业英语教学的平台，以促进高职行业英语课程教学的健康发展。

4. 不断深化校企之间的合作

行业英语的特征就决定了在行业英语全程教学中都必须实行校企合作，其中也包括教师的联合培养。高职院校要主动加强与企业合作，定期安排行业英语教师到企业参观、研修、顶岗工作、挂职锻炼，让行业英语教师深入到企业中，了解行业发展前沿，体验行业文化内涵。学校还应建立激励机制，鼓励行业英语教师融入企业，承担企业科研项目，参与企业技术革新与产品升级；同时学校还要邀请行业、企业专家和企业一线工程师作为行业英语兼职教师或行业英语教学指导委员会成员，让他们参与到课程的设置、教学目标的制订、教学内容选择、教材编写和课程教学实施等工作中来，使行业企业最新最前沿的知识、技术和标准能够融入行业英语教学中。

# 第五章　高职院校英语教学模式改革

随着信息技术的不断发展，高职院校的教学改革不断深化。本章主要讲述高职院校英语教学模式改革的相关内容，主要从高职英语微课教学模式、高职英语慕课教学模式以及高职英语翻转课堂与混合式教学模式三个方面来进行系统的论述。

## 第一节　高职英语微课教学模式

### 一、微课简介

伴随着无线网络、视频压缩、传输技术以及移动智能终端的飞速发展，互联网进入了“微时代”，微信、微博以及微视频已经成了目前人际交流以及信息分享的主要途径。信息技术与社会文化的深度融合正在改变人们的生产和生活方式，也对我国的教育改革提出了新要求。而传统教学方式以教师为中心，学生被动接受知识，教学效率低下；而微课程作为一种新兴的在线教学资源，可以弥补传统课堂教学中存在的不足，对提高教学质量有很大帮助。移动学习、泛在学习、翻转课堂等新型学习方式的出现为我国教育发展带来了新的机遇与挑战，传统的教学模式面临着一场变革。微课也成了“微时代”背景下新的教学模式探索之一。

信息技术与移动学习、泛在学习、碎片化学习、慕课以及翻转课堂相整合的学习理念为微课广泛运用和传播提供广阔空间。近年来，随着智能手机以及各种移动设备的普及和新媒体技术的快速发展，微课程开始出现并得到迅速推广。微课是在线学习与移动学习中重要的数字化学习资源之一，由于其顺应了网络时代学习渠道多元化，学习方式微型化与学习时间碎片化的特点，因而备受人们的关注与青睐。关于微课内涵、设计、开发及应用等方面的研究，也已成为网络学习、移动学习等领域关注的焦点及热点问题。

### （一）微课的概念

微课指的是小型的课，其主要特点是时间比较短、内容不多，能够用来从一点一滴的时间碎片中学到某个知识点、解决某个问题、掌握某个技能等等。它是以视频作为载体记录教师围绕某个知识点或教学环节而开展的教与学活动全过程的一种教学资源。微课的课堂，既可理解成讲课又可理解成课程，因此又被称为微课程。

### （二）微课的发展

在网络与通信技术尚未普及时，一些教育课程中就已经涉及微课的概念。例如，美国北爱荷华大学的 LeRoyA.McGrew 在 1993 年时就提出将概念、讲解和一定量的实例限定在 60 秒内完成化学课程的传授。英国纳皮尔大学的 T.P.Kee 在 1995 年时，要求学生准备一分钟的化学演讲，必须逻辑清晰并附有例子，这种微课的开设在一定程度上能促进学生对各个学科核心知识的有效掌握。

微课理念是由美国墨西哥州圣胡安学院的 David Penrose 在 2008 年正式提出的，他结合以往短小课程的设计理念，将教学内容与教学目标相联系，将各个学科中的核心概念作为知识脉络，提炼出来，并创建一个利于学生自主发现与学习的网络空间，学生可以自由地利用其创建的平台进行自主学习并掌握学科的核心内容，David Penrose 设计了五个环节来实现微课的建设。

2012 年创立的可汗学院就是一种微课网络共享的创新模式，将数学、历史、金融、化学、生物等常用课程在内的 3000 多门学科的微型教学视频存储在可汗在线图书馆中，为学生提供了大量的网络课程学习资料，满足了网络课程学习者的需求，面向全世界的网络学习者，使网络学习者都可以免费使用可汗在线图书馆，这种高品质的学习服务大大地便利了学生获取知识的途径。

在国内，微课的研究与应用始于 2010 年。这一年，内蒙古鄂尔多斯教研室李玉平老师组织课堂教学“三小”研究，通过教育叙事形式开设微课程培训。同年 11 月，广东佛山市教育局启动首届新课程“优秀微课”征集评审活动。此后，微课像雨后春笋般在全国发展起来。

2012 年第四届全国“互联网应用于教学”优秀案例评比活动，从共计 12 万余个参评教学案例当中，经教育部教育司管理中心有关活动家遴选，共评出 1570 个优秀案例，其中微课案例 600 个。同年，由教育部和《中国教师报》共同主办的“教育通”移动互联网云平台中国第一届微课大赛正式启动。由全国高职高专教师网络培训中心主办的第一届“全国高职高专微课教学比赛”于 2012 年 12 月至 2013 年 8 月间举行,1600 所高职高专踊跃参加，参赛人数超过 12000 人。随后，微课逐渐从概念走向实践并引起关注。2015 年初，国家教育部门提出要加强信息技术与学科教学的深度融合。2016 年 2 月初，教育部印发了《关于全面深化新时代教师队伍改革的意见》。由中国教育技术协会与其他单位共同举办的“全国微课程大赛”于 2013 年 5—7 月份举办，参赛学生超过 1000 人。这些微课竞赛活动推动了微课建设活动在我国教育领域的蓬勃发展，激发了广大中小学及高职院校老师进行信息化教学的热情。2014 年后，我国微课得到广泛传播，各教育主管部门及学校纷纷开展大量培训及竞赛活动并引发微课应用热潮，使得微课逐渐发展为一种常态化教学模式。

### （三）微课的特点

1. 时间短

微课视频一般要求 10 分钟左右，视频简短，其内容主要针对教学活动的重点与难点进行着力分析。学生通过观看这种短小精悍的教学视频，获取针对性的学科知识，能够在短时间内将自身的注意力集中到学科重点内容上，也不会引起学生视觉疲劳。

2. 内容精

微课视频教学内容是将学科核心知识内容进行精华提炼，对重点知识进行重点解析，而不是简单地将学科知识罗列出来，聚焦性的教学内容使学习者能够有针对性地学习学科重点内容，并能够发散思维，见微知著。这种启发式的微课教学便于学生根据自身的学习情况，灵活地选择学习起点。

3. 容量小

在容量规模上，微课视频及配套资源合计仅有数十兆，非常便于学习者在线播放及下载。微课视频格式通常是指 rm 和 wmv 这两种支持网络在线播放视频格式，教师可在网上浏览并查看有关教案、课件和其他教学资源。随着教育技术发展，微课成为一种新型的教学方式。它以其独特的优势被广泛运用于教学实践之中。学生可根据需要下载微课资料至其电脑或手机等终端设备上，从而为其实现移动学习、泛在学习奠定学习基础。教师在平时观察、反思和学习时都可以借助微课视频进行。

4. 系列化

微课通过教学视频片段这一载体，覆盖了教案、教学反思、学生反馈和专家点评等与教学活动相关的教学资源，构成系列完备的专题单元资源包，为学生提供主题鲜明、逻辑性强、解析翔实的教学内容，同时也为学生营造了一个鲜活的微教学环境。微课教学就其本质而言是视频教学案例的一种，其特点是将视频教学案例真实、具体、典型地案例化呈现给学生，驱动教师和学生形成隐性知识和其他高阶思维学习能力。在这一现实微课教学场景下，教师本身教学观念不断更新，教学技能不断增强，教师专业能力与教学水平不断提升。与此同时，学生学习效率以及学习效果都将有明显的提高。目前我国已经有不少中小学开始尝试采用这种新的教学方法来提高教学质量。微课视频教学在某种程度上促进了学校教育教学模式改革，也是现代师生学习中重要的教育资源之一。

5. 针对性

微课视频的内容一般是针对教育教学实践中存在的具体重点问题，包括教学反思、生活思考、重难点突破、相关的学习策略、教学方法、教学观念等一些具有针对性的课程主题，师生在这种微课视频提供的真实具体的学习环境下，运用或自主或协作的方式进行思考与解决问题，比较容易实现相应的主题目标。

6. 实用性

微课的开发一般包括紧密联系教学内容、教学目标和教学手段这三个方面。教师将自己所熟悉的、比较感兴趣的以及自身能解决的问题，通过微课视频呈现出来，引导学生进行讨论交流，体现教师“为了教学、通过教学”的微课实用性教学思想。另外，由于微课内容的短小，每个人都可以进行课程研究，进行趣味创作。

7. 灵活性

图文、PPT、视频、融媒体均可作为微课课程内容载体，正因为有了丰富多彩的微课形式才使微课能够被灵活地选择应用于教学实践活动。它不仅具有传统课程所不具备的优势，而且能够通过对教学内容进行一定程度上的延伸和拓展，使之更具吸引力。同时还可以为学习者提供更多自主学习的机会。另外，短小精悍的内容使微课资源容量比较小，能够在不同的终端设备上进行播放，从而极大地拓展了它的使用范围，使学生能够更便捷地获得自身所需求的教学资源。

8. 充分性

微课与一般讲课、听课、评课等随机性教学方式不同，微课给老师们留下了相当多的备课时间，让教师可以充分进行教学演练和微课的拍摄活动。教师能够在互相帮助下完成课程预演工作，从而能够相应降低教师心理压力，能够提高视频拍摄与制作的效率与效果。另外，微课具有课时少、参与教师能及时获得别人评价等特点，信息的及时反馈对教师自我反思具有借鉴意义，有助于教师进一步提高和完善教学资源。

9. 独立性

微课把某一个知识点或教学主题通过一种相对独立的形式展现在学生面前，它疏松的知识模块恰好与学生课程学习结构特点相吻合。把各知识模块按一定的内在含义紧密连接在一起构成一个学习单元，使之构成一个教学主题鲜明、教学内容齐全、教学结构严谨的资源环境。

10. 应用性

微课因其体积容量小、格式平民化、支持多种学习终端播放和下载快速编辑等特点而成为广泛化自主学习资源，对于教师来说，微课可以应用于多样化教学模式之中。

### （四）微课的类型

1. 按照教学方法进行分类

根据常用的教学方法对微课进行类型划分，可分为讲授类、问答类、讨论类、启发类、实验类、合作学习类等多达 11 种类型的微课形式。

2. 按教学环节进行分类

从教学环节角度把微课分为以下几类：课前复习类、知识理解类、课后巩固类、丰富拓展类等。同时，还可分为说课类、实践课类、活动课类等。

3. 按传递方式进行分类

（1）讲授型微课。教师采用多样化的授课方式将学科知识的重点、难点、考点等通过讲授的方式传递给学生。

（2）解题型微课。理科类的课程知识传递可以利用具有代表性的例题、课后习题等，教师通过对这些典型题目进行详细的解题思路分析，让学生掌握相关类型的知识点。

（3）答疑型微课。教师可以将学科中典型的具有代表性、容易出错的问题提炼出来，针对性地总结或分析解答这类问题。

（4）实验（操作）型微课。设计与演示有关物理、化学、生物等典型的实践性实验，在相互交互中掌握相关知识。

（5）活动型微课。创建具体的学习活动情境，让学生在真实的情境中进行思考、探究与发现。

4. 按“微视频”的录制方法进行分类

（1）摄制型微课。采用手机和网络摄像头、摄像机等设备录制的课堂内容与学习过程的真实场景视频被称为摄制型微课。

（2）录屏型微课。教学内容与授课过程采用幻灯片、画图工具、Word 等形式呈现，同时采用交互电子白板、一体机等数字媒体对教师在电脑屏幕上的讲课声音的录制，以及录屏软件的录制都属于录屏型微课。

（3）软件合成式微课。运用图像、动画或视频制作软件，通过微课脚本设计、技术合成后输出的教学视频短片。

（4）混合式微课。应用上述提及的多种方式，制作、编辑及合成的教学视频。

## 二、微课设计与开发

### （一）微课设计基本流程

1. 选择微课主题

制作微课的初衷是通过微课给学生展示学科知识的重难点，使学生有针对性地掌握重点知识与技能。因此，教学的重难点、有利于学生知识巩固的知识点、普适性内容以及较有趣味性的内容都可以作为微课的选题。针对课堂中使用的微课，由于有教师的讲解引导，微课内容可以相对简洁浓缩，让学生在教师的指导下对微课呈现的内容进行展开理解。而对于课外使用的微课视频，由于是用于学生的自主学习，因此可以相对减少微课内容，同时应将主题内容分析讲解得更加详细，便于学生的自主学习理解。此外，如果微课是被用作促进学生技能的掌握，那么对微课内容的逻辑性以及动作直观性就有更高的要求，需要微课清晰展示操作的分解过程，以便于学生模仿与吸收。但是对于培养学生兴趣类的微课来说就要求其内容和形式生动有趣，注重激发学生的学习兴趣。

2. 分析教学内容

教学内容的分析是微课内容的广度、深度以及呈现方式的选择的依据。对教学内容的分析包括对学习者掌握的最终能力的先决条件的分析，这些先决条件包括相应的知识、技能、态度、行为及其之间的相互联系。微课内容的选择是基于科学、正确的基础上提炼的精华教学内容，同时微课内容的选择要结合学习者的实际情况，提炼出逻辑顺畅、结构合理、内容清晰的内容，这样才能有效地促进学生对微课内容吸收与内化，从而促成教学目标的实现。

3. 分析学生特点

事实上微课实施起来更具有灵活性，最关键一点是能够关注到个体的差异，满足学习者的个性化需求。开创微课的根本目的是为学生的自主学习提供便利教学资源，因此微课设计者首先要了解分析使用对象的个性特征，包括年龄和认知的阶段性特点，针对不同阶段、不同认知水平的学生实施针对性的教学，从而满足不同服务对象的实际学习需求。

4. 确定教学目标

微课教学必须有明确的教学目标，并把教学目标具体地传递给学生，让学生充分理解所要学习与掌握的主要知识与技能。微课的教学目标呈现形式可以是直接的表述，也可以是隐藏在教学活动中的间接的形式，教师可以通过口述或者以文字的形式直接向学生展示学习目标，也可以将学习目标建立在教师自身的思维中，通过教育教学活动来引导学生关注所要完成的学习目标。

5. 制订教学策略

微课教学与传统课堂的面对面交流教学不同，大多不具备远程网络教育实时解答与沟通的功能，这就要求微课设计时提前制订教学策略，在教学导入、吸引学生注意力以及课程总结方面进行深入的研究，并对教学媒体、教学组织形式、教学活动与教学顺序做精心的安排。精心设计教学策略的最终目的是要引起学生的注意，让学生在没有面对面交流的情况下，仍然能维持学习的主动性、积极性和持续性。

### （二）微课的选题原则

微课的选题在微课制作中最为关键，好的选题更有利于教师的讲解和拍摄工作的落实，让教师在制作微课教学资源时取得事半功倍之效。微课在选题时应该注意以下 3 条原则。

1. 抓住教学重点难点

微课通常只是传授某个知识点，利用教学的重点和难点进行微课制作是明智之举。教师要根据教学内容和教学目标合理地设计好每一节微课所需要学习的内容。只有这样，才能够使学生对知识有更深刻的理解。由于制作微课的最初目的在于共享教学资源，帮助学生解决在学习中遇到的疑难问题，激发学生学习的积极性。因此，微课主题一般都是围绕某个重点知识点或者难点知识点进行的。

2. 选择适合视频表现的内容

微课这一媒体在内容设计上应该满足多媒体这一特点要求。有的教学内容不宜用多媒体来表达，采用黑板教学或者开展实践活动的教学效果也许会更好。所以，微课选题应适宜采用多媒体表达，恰当地增加大量图形图像、多彩的动画以及生动形象的视频，这样可以使抽象的知识具体化，枯燥的问题趣味化，复杂的原理简单化，静止的过程动态化。另外，也能有效激发学生学习兴趣，提高微课教学资源教学效果和使用效率。

3. 从学生视角分析选题

微课在选题时一定要以学生为主，要充分考虑到学生心理特点以及学习兴趣。微课设计者在设计微课时应该先思考以下几个问题，那就是："我的微课为谁而制作？""他们有哪些学习特点与爱好？""怎样确定自己的目标、任务与内容？""教师在课堂中应该怎么教？"这些都决定着微课能否有效地激发学生的学习动机，提高课堂教学效果。只有选好学生感兴趣、喜爱的话题，精心设计的微课才会被学习者所喜爱，教学资源才会被分享，这样微课才会真正起到事半功倍的效果。所以，微课设计者一定要改变教学理念，要以学生为主体，为学生的学习与成长服务。

### （三）微课的教学设计

微课是一种学习资源，教学设计既要符合教学规律，又要适应多媒体设计原则要求。微课设计要从以下 6 个方面开展。

1. 以学习者需求为出发点

微课设计要以学生的学习需求为出发点，确信教学主题，研究教学目标和教学策略。要从学习资源开发的视角分析其教学应用，如使用对象、使用目的、使用时间与场合、使用环境等。要剔除次要的材料，突出重点知识，精心组织教学活动，确保预定的教学任务在有限教学时间内完成。要力求抓住学生的注意力，并循序渐进地在讲解过程中插入提问的环节，以鼓励学生的自主思考。

2. 精选教学主题

微课选题要以关注某一主要知识点或者某一主要问题为主，要与微课容量小、时间短、教学效果高等特点相吻合。在实际应用时应该根据具体教学内容进行选择。微课的设计要以教师为主导，学生为主体。也就是说，微课所选的题目既可作为教学的重、难点，又可作为通用性或实用性较强的教学资源，又或者可以成为有助于学生对原有知识理解和巩固的教学资源。

3. 要明确教学目标

教学目标在课程教学中起着导向与坐标的作用，它对于关注学生的学习注意力，激发其学习兴趣，促使其投入到学习中去有着十分重要的意义。英语教学作为一门基础性学科，其教学内容较为抽象复杂，所以在开始课程教学之前教师先用口头语言或屏幕文字向学生展示出来教学目标，这种做法既能吸引学生对重点知识点的关注，又能让学生对这门课程的学习内容进行全面掌握。

4. 体现个性化要求

微课教学应着重满足学习者对视觉和经验的个性化需求，如可通过文字和其他视觉符号来展现不同种类学习者的不同需求或内容，可通过按钮选择来使学习者进行点击选择，可在教师授课时直接进行提示。

5. 恰当应用教学策略

微课的课程导入至关重要，它是把学生吸引到微课学习中去，完成学习任务的钥匙。教师利用微课开展课堂教学时，应结合教学内容和学情分析，设计出适合于不同层次学生学习的“导学方案”，教师可以从日常生活或现实问题中引出要讲的教学主题和教学内容，也可以用小故事引入的方式，当然也可以直接开门见山进行微课教学，总之前期铺垫一般不要超过 15 秒钟；教师在使用微课的方式组织和开展教学活动时，活动选择不宜过多，教师要以完成教学任务为目的；重视内容总结，过程中要适时概括，在微课的收尾阶段，教师可以对微课的教学内容进行总结，总结之后也能有的放矢地引出新问题。

6. 合理使用媒体

无论微视频是教师在课堂上使用的，还是给学生课后自主学习的，都要选用恰当的媒体，避免整堂课都是教师面对摄像机讲课的镜头，另外还要确保视频画面清晰，形式多样，生动活泼。

## （四）基于 ADDIE 模型的微课设计

ADDIE 模型作为一套系统的教学开发手段和培训课程开发模型，它将教育心理学理论运用到了实际的教学活动之中，使其更具有操作性和实用性。而对于学生来说，ADDIE 模型可以帮助他们更好地理解课堂上所学知识，从而提高教学质量。ADDIE 模型就是由分析（Analysis）、设计（Design）、发展（Develop）、执行（Implement）和评估（Evaluate）五个阶段组成的整个过程。DDIE 模型包括 3 个要素，即要学什么（制订学习目标），怎么学（运用学习策略），怎样判断学习者是否已经取得了学习效果（执行学习考评）。因此，要以 ADDIE 的 5 个环节中分析和设计为前提，发展和执行为中心，评估为保障，并且这五个环节互相联系不可分割。

分析是对教学所要达到的行为目标、任务、受众、环境和绩效目标等进行一系列的分析。

设计是对将要进行的教学活动进行课程设计。

开发是针对已经设计好的课程框架、评估手段等进行相应的课程内容撰写、页面设计和测试等。

实施是对已经开发的课程进行教学实施，同时进行实施支持。实施阶段的重点是开发项目实施的程序。课程设计师必须确定作为实施者的讲师或助教，并让学习者了解项目。讲师、助教及学习者都要参加培训，培训内容包括全部培训课程、学习成果、实施方式、测验程序以及新工（软件或硬）的使用。在这一阶段，课程设计师要核实并确保所有的技术工具都处于正常的工作状态中。

评估是指对已经完成的教学课程及受众学习效果进行评估。在教程系统设计流程所有的关键要素中，建立评估体系是整个过程中最能体现培训价值的，同时也是最见功底的步骤。评估阶段包括两个部分：形成性评估及总结性评估。形成性评估在 ADDIE 流程的每个阶段进行，而总结性评估一般在几个项目实施之后进行。

ADDIE 模型遵循教学系统设计的一系列核心步骤和共同特征，以实现教学目标和解决教学问题为宗旨，具有很强的操作性。因此，应按照 ADDIE 模型来设计微课，并对设计过程进行详细分析。

（1）ADDIE 模型能够构建师生合作的学习环境

微课的本质是用一个小课程来对一个主题进行集中的分析解释。要完成这一小课程就必须对课堂进行精心设计。而 ADDIE 模型能帮助教师设计出引导学生构建知识的活动，创建自主学习的环境，从而帮助学生自主地学习并进行知识的建构，这为学生掌握知识提供了有利的条件。

（2）ADDIE 模型活动设计基于对学情的科学分析

微课教学活动按照 ADDIE 模型设计首先必须对学生和学习目标进行科学分析。微课之“微”，表现为短小精悍，针对一个知识点进行讲解，课堂时间短，内容容量小，但是却要通过精美的组织方式，精辟的语言呈现给学生，使其产生启发思考和震撼心灵的效果，这样有利于学生对知识的学习和吸收。根据 ADDIE 模型的系统化流程来设计微课，可以使具体知识点精细化、微型化，同时艺术化、趣味化。然后将课堂设计通过试听的方式展现出来，实现“微”与“大”并存的课堂目标。

（3）ADDIE 模型可以评估微课设计

评估是微课质量保障的重要环节。ADDIE 模型的评估分为两类，一类是在分析、设计、开发以及实施阶段的形成性评估，另一类是在实施后的终结性评估。

其主要包括对教学目标、教学微视频以及其他教学资料的评估。根据评估的反馈意见，对微课存在的问题进行修改和完善，直到达到评估标准为止。通过评估，微课的质量可以得到保证。

## 三、高职英语微课模式

网络多媒体技术的快速发展正在变革人们的学习方式。伴随网络技术的发展及“微时代”的到来，微课模式也已经悄然进入高职教育领域。而微课作为一种新的网络学习资源和教学模式，在国内得到了迅速发展，而且已经成为高职英语教学改革的热点和突破口。下面就高职英语微课模式的构成、优势及实施办法等热点问题进行分析和探讨。

### （一）微课模式的构成

作为课程，微课需要具备必要的课程要素，主要包括四大课程要素，即目标、内容、活动、交互和多媒体。

1. 目标

所谓目标，就是教师对微课模式适用教学范围的期待以及对教学希望达到效果的期待，它主要包括如下两层内涵：一是应用目的，也就是微课模式设计与开发的理由，它涉及微课模式是用于课前、课中或课下的哪个时间段，如教师如果想对学生课后练习进行指导工作，就可以制作有关练习说明的微课，其主要目的供学生课下这个时间段去应用；二是应用效果，也就是教师应用微课模式之后希望学生能解决哪些特定问题，如掌握某类英语应用文写作方法，阅读理解题解题技巧等等，从而引起学生对微课模式应用效果的反思。因此，从以上两个角度出发来分析，微课模式目标具有具体、清晰、单一的特点，微课模式的目标对于教师在微课内容及应用模式选择上发挥着重要引导作用。

2. 内容

微课内容指服务于微课模式并涉及某一特定学科而具有目的和意义所传达的各种信息和材料。高职英语微课模式的内容为英语教师达到预期目标提供了信息载体。教师在设计微课模式内容时要依据微课目标，结合学生学习情况和准备运用教学阶段教学实际进行设计。不同的微课模式内容在教学活动中所设计的方式也是不同的。在英语教学中引入微课教学模式有利于提高教学质量和效率，有助于培养学生自主探究能力。但由于微课时间非常短暂，在内容上常表现出主题鲜明，简短独立等特点，这就要求教师必须认真选择微课的内容。

3. 活动

这里的“教学活动”，就是指教师作为活动主体和具体微课内容作为客体进行互动的过程，并通过这一互动将教学信息有效地传达给学习微课的同学，从而帮助同学们对课程内容进行思考并加以理解。因此，教学活动是实现微课教学目标的有效途径。“教”这一活动可具体划分为教师展示，教师传授知识，教师操作以及微课模式和其他主体之间的相互作用这几种活动方式。

4. 交互和多媒体

为了在微课上完成教学活动，教师就需要借助一些具体的工具让学生正确地理解微课内容的含义，这样才能达到学生和微课之间进行有效沟通的目的。教师在微课模式下使用的工具包括如下两类：第一类是交互工具，它有助于学生与微课之间操作交互及信息交互，第二类是多媒体信息展示工具，它能较好地辅助教师表述和讲解教学内容，增强学生开展微课学习与学习资源交互的有效性，如微课中课件、动画、图形、图像的展示。

微课四大课程要素之间互相影响，互相联系。其中，“内容选择”和“教学活动”为两个核心要素。在此基础上，教师可以通过对这些主要因素的设计，就能够为学习者建设结构化、数字化的优质课程资源。

### （二）微课模式的优势

1. 教学内容精

微课模式主要针对的是高职英语课堂教学的某个知识点进行重点讲授，也可以针对教学的某个环节或某个主题活动进行解析。微课教学模式具有针对性强、时效性高以及内容简单易懂等特点。高职英语微课相较于传统教学内容而言，教学内容更加精简，更加适应教学需求。

2. 教学时间短

一般来说，高职英语微课教学视频时长为3—8分钟，最长一般不超过10分钟。而传统课堂教学时间长，一般为45—50分钟。因此，微课教学时间比较短，常常被称为“微课程”或“课堂片段”。在高职英语教学中，使用微课模式有助于针对教学难点开展教学，使学生能将注意力集中在教学的黄金时段，通过与教师的互动解决学习上的困惑。

3. 资源容量小

一般情况下，微课模式中的教学视频及配套资料的容量约为几十兆，容量相对比较小。因此，在高职英语教学中，微课易于在网络上播放和下载，微课模式有助于教师与学生间流畅地展开交流。

4. 资源结构完整

高职英语微课教学内容通常主题明确，指向清晰。在英语教学中引入微课教学模式具有可行性，其优势主要表现为：以教学视频片段为微课基础与线索，将其统合整理到教学设计等教学资源中，以建构种类繁多，主题突出，结构紧凑的“主题单元资源包”，为学习者营造出一个真实的微课教学资源环境。这种真实而又特定的学习情境既有利于学生思维能力的提高，也有利于促进教师教学技能的提高。

5. 反馈及时

微课教学内容少、教学时间短，因为可以在短时间集中开展微课学习和交流活动，因此教师和学生都可以迅速获取反馈信息。此外，每一位学生都可以参与课前微课的学习，这在一定程度上有助于减轻教师的负担，提高课堂教学的效果。

6. 易于传播

由于微课教学内容主题鲜明，内容具体，因此其成果易于转化和传播。同时，微课教学时间短、容量小，因此其传播的方式也是多种多样的，如网上视频传播、微博讨论传播等。微课模式主要建立在微视频这一载体上，为了体现微课程的完整性，还需要增加一些辅助模块，如微练习或互动答疑等，这些对于提高学生的学习兴趣和学习效果、提升教师的信息化教学设计能力非常重要。一个较为创新的方法是建立微慕课平台，使微课模式具有慕课模式的系统性和专业性。这一平台具有一定的知识含量，且具有结构灵活、系统性强、制作成本低等优点。

7. 提升微课录制技术

微课录制技术的提高对微课的制作、应用和推广影响很大。因此，开发质量更高、使用更便捷的微课录制技术，能够使广大教师更加乐于进行微课录制，并能够快速提升自己的微课录制技术。另外，微课的研究人员应该在网络多媒体技术上进一步提档升级，促进微课模式进一步普及和推广。

8. 共享优质微课资源

当前的高职英语教学中仍旧存在着教学资源不均衡和优质教学资源缺乏的问题。一方面，要组织优秀英语教师和信息技术团队积极开发优质微课教学资源；另一方面，要加强优质资源共享，推动微课优质教学资源通过网络在全国的高职院校中得到推广和应用。

## 四、微课在高职院校教学中存在的问题

### （一）对微课的认识和理解不足

正确认识与了解微课是高职院校将微课运用于教学的一个重要前提条件，但是根据调查结果发现，不论是高职院校还是广大师生对微课教学均缺乏正确认识与了解。就学校方面而言，高职院校在国家政府和相关部门的高度重视下，为了达到现代化教学目标也采取了许多积极举措，微课作为一种比较有潜力的新型教学方式之一，有利于促进现代化教学目标的实现。但是由于高职院校管理者对微课并未给予高度重视，因此对于微课在认知与理解上出现了较大偏差，不能准确理解其重要性。从教师角度而言，高职院校大部分教师都是在漫长的教学过程当中形成了基本定型的教学模式，微课自身就属于新的教学方式，带有浓厚的时代色彩，所以高职院校教师想要在较短的时间之内接受这一新的教学方式有很大的困难，加之高职院校自身的教学环境等原因，导致教师对微课难以有深刻的了解和认知。就高职院校的学生而言，在长期应试教育影响下，这类学生习惯于传统的教学模式，尽管微课以其“短小精悍”等特点能快速引起学生兴趣，但是因为缺乏正确的指导，学生仍不能准确认知与了解微课，继而难以全身心投入到微课的学习中去。因此，如何有效提高高职院校学生对微课的认知程度以及掌握程度就成为当前亟待解决的一个重要课题。通过调查发现，大部分学生对于微课都存在一定误解。在上述系列问题分析的基础上，对于微课缺乏足够的了解和认识明显是高职院校运用微课进行教学所遇到的第一个难题，也是目前高职院校着力研究并解决的主要难题。

### （二）教师信息技术能力欠缺

信息时代的到来使得信息技术得到了飞速发展，教师必须掌握坚实的信息技术并且能灵活地操作教学实践和先进教学设备。这样才能使教学水平和教学质量得到明显提高。因此，加强高职教育信息化建设成为了当前教育界关注的热点问题之一。其中，作为一种新型教学模式，微课以其独特的优势受到越来越多教育工作者的重视，将它运用到课堂教学中是一个必然的趋势。如前所述，微课教学是以信息技术为基础，微课教学中许多环节需要技术操作，如屏幕的使用和调节等。但由于操作技术上的不足，目前国内高职院校教师还不能灵活地对这些设备进行操作。根据对高职院校教师调查结果显示，大部分教师对于微课教学中信息技术把握不到位，投影仪操作，音视频制作等技术问题都会出现无从下手的情况。所以，信息技术能力的欠缺也就成了阻碍微课运用于高职院校课堂教学的一个关键因素。

具体而言，高职院校教师的信息技术能力存在的问题表现为操作技术层面。特别是在数字化教学技术方面，许多教师拘泥于成规，深信传统课堂教学模式才是关键，对于一些充满新时代气息的新型教学模式并不关注。当前的高职院校中普遍存在着“重教轻学”的现象。受这一思想影响，高职院校教师很难真正注意到自己信息技术水平问题，也就不可能真正意识到并采取一些措施来充实信息技术。也正因为如此，导致高职院校的教师在信息技术能力方面存在着很大的不足。

### （三）微课配套资源不够完整

微课的硬件环境主要有网络服务器、数据库服务器及视频播放器；而微课的软件环境则主要由课件制作工具、教师手机及平板电脑组成。微课的硬件资源可分为硬件资源与软件系统两部分。其中硬件资源主要指微课教学所需的各种设备，软件资源则指微课教学信息、材料和技术。当今国内外微课网站都在不断地更新与改进，我们可以借鉴国外有关系统微课网站的建设方法，对其内容与形式进行完善相关配套的资源。当前，尽管国内许多高职院校都已搭建起信息资源平台并能实现信息的传输，但是还没有搭建起统一的平台，各校微课资源也不能共享，这大大降低了微课所配套的资源完整性，使得高职院校微课的应用面临资源不充分的困境。再者微课教学资源的推广和应用还需进一步强化。一些教师对于微课资源缺乏了解，对于微课资源应用于教学缺乏认识，这都成了促进高职院校间微课资源共享的阻碍之一。另外，配套资源不全导致高职院校微课教学成效大打折扣，具体表现在以下几个方面。

一是教学内容不健全。对微课教学而言，配套资源的丰富性显然是保证教学内容充分完善的一个关键因素。详尽的资源信息可以给微课学习带来丰富的参考资源，使教学质量最大化。目前，高职教育已经成为我国高等教育中重要的组成部分，其教学质量对社会发展有着重大影响，所以高职教育必须重视微课教学在实际应用过程中的作用和意义。但是由于高职院校微课相关配套资源存在问题，导致教师在设计微课教学内容时不能得到完善，继而直接影响了微课模式的实际教学效果和使用效率。

二是课堂体验差。配套资源的硬件资源和学生课堂体验之间有着密切的联系，高职院校如果硬件资源丰富了，那么学生就可以在数字化课堂的环境下进行学习，学生的课堂体验就会得到改善。反之，如果高职院校的硬件资源存在不充足的情况，那么该学校学生课堂体验会明显下降，学生们对于微课堂学习则更是缺乏积极性，自然难以改善学习效果。

三是教学信息更新缓慢。进入二十一世纪以来，数字化信息以其更新速度快、内容丰富等特点迅速发展起来，尤其是网络传媒的兴起更是给人们带来了极大便利。微课教学就是在这样一个背景下产生的，它能够将海量的教学信息进行有效整合和分析，从而为教师提供更多的新观念、新思路来帮助学生更好地学习知识，降低教学信息的不稳定性。微课教学能够帮助学生快速获取所需信息，丰富其信息储备。但是，因为配套资源不能紧跟教学脚步，因此高职院校微课教学信息不能在短期内得到更新，具有明显滞后性。

### （四）微课资源利用率不高

尽管近年来微课资源被许多高职院校大力普及，教师们对微课资源的理解与认知也已达到一定水平。在这种情况下，许多教师都开始尝试将微课资源应用到自己的课堂之中，但由于教师不能灵活运用微课资源，因此他们利用微课资源开展教学的能力仍有较大欠缺，主要表现如下。

一是微课教学应用方式不到位。微课是一种新型教学模式，它主要以视频为载体，具有直观化与形象性等特点。微课在课堂教学中主要体现在课堂情境创设、重点讲解、课堂难点分析和课堂实验探究等几个方面。但是，通过对部分高职院校学生进行调查发现：教师对于应用方法和技巧掌握不够全面。

二是缺乏实践经验。长期以来，大部分高职院校都采用传统的教学模式——“课堂式”教学，也就是高职院校要求教师在课堂上完成知识的传授，虽然教师在这种模式下积累了教学经验，提升了教学水平，但是教师却不能将其运用于微课教学模式之中。加之高职院校教师在课堂教学中微课应用整体数量较少，因此对许多微课应用问题不能及时解决，教学经验有欠缺，导致学生对微课教学的认识不够全面，甚至影响了学生学习的积极性。

### （五）微课应用效果不明显

基于对高职院校师生的调研，我们不难看出，受重视程度和教学技术的影响，高职院校微课的运用成效不是很明显。而作为一种新型教学模式，微课的出现无疑为高职教育带来了新的生机和活力，同时对于提升课堂教学质量起到了重要作用。但是，其实际教学效果如何呢？值得我们深入探讨。在教师视角下，大部分教师都认为微课运用于课堂情境创设、课堂重点讲解、课堂难点分析和课堂实验探究等环节中，成效并不明显。针对这种情况，作者深入分析并结合相关文献资料发现，造成这种现象的本质原因是高职院校尚未形成一套完善的微课教学体系且只将微课运用于某些教学环节，从而使知识前后连贯性不强，学生获取信息的能力因而大大降低。站在学生角度，多数学生觉得时间短才是微课吸引人之处，倾向于把太多关注集中在时间层面。

此外，考虑到高职院校学生自身学习能力比较低下，所以很难通过简短的微课教学学到一定数量的内容。基于这几个因素，微课运用于高职院校课堂教学收效甚微。除上述因素外，高职院校自身微课应用能力不强是造成微课应用效果不理想的主要原因之一。因此，为了提高微课教学在高职高专教育中的应用效率，我们必须对这一问题进行深入分析和研究。只有这样才能有效地解决这一难题。尽管近些年来，微课教学一直是国内各高职院校竞相研究的重点，它作为一种全新的，具有时代气息的教学模式，得到众多高职院校的喜爱。但是高职院校在数字化设备，微课教学经验上存在缺陷，使得高职院校难以在短期内快速提高微课应用能力。

## 五、微课在高职院校教学中的发展对策

### （一）强化对微课的认识与理解

正确认识与理解微课，是促进高职院校在课堂教学中应用微课的关键所在。对此，高职院校自身要从微课应用实际出发，加强广大师生对于微课教学模式的认知水平，继而带动高职院校教师使用微课模式开展教学的积极性，加深学生对微课教学模式的喜爱程度。细说起来，高职院校的微课教学可从如下几个方面进行切入。

一是积极举办微课讲座普及微课知识。高职院校可经常邀请本领域有关专家学者，围绕微课实质、内涵、运用现状、运用重要性等方面的问题开展讲座，直接面向在校师生普及微课知识。高职教育是一种以就业为导向的职业教育，其主要任务就是培养技能型人才。因此，高职院校应该结合自身实际情况开设微课讲座。这样，高职院校师生就会在潜移默化的影响下理解微课，懂得微课。

二是培养教师使用微课模式的能力。微课作为一种新型教学工具，已经逐渐被越来越多的高职院校所接受。但由于我国高职教育起步晚，很多方面还处于起步阶段。因此，如何有效利用好微课就成为一个非常重要的问题。从根源上看，高职院校教师不仅是微课的执行者，更是与学生有着直接联系的人员，所以教师对微课的正确认识和理解与否，很大程度决定着学生对微课的理解。在此基础上，学校可从教师入手，培养教师，努力使全体教师对“微课”形成理性认知。结合国外先进经验，从根源上加强高职院校师生对于微课的了解与认识，在教育实践中充分渗透微课，让微课与教师，学生以及学校之间形成一种紧密的关系。

鉴于此，除上述内容外，国内高职院校也可通过创办“微课社团”“微课部落格”等多种方式来推广微课知识和深化认识。此外，因为高职院校在教学实践中偏重于“技术”教育，强调对学生进行技术能力的训练与培养。而这些都与高职院校本身所具有的职业特征相符合。这也是微课作为一种新兴事物能够迅速发展起来的原因所在。为此，高职院校可充分利用这一特性，建立特色培训以引起更多教师与学生的重视，继而最大限度地加强广大师生对于微课的了解与认知。

### （二）不断提高微课的操作能力

教师在微课教学中信息技术和操作能力与微课应用效果有直接关系，还会对

学生微课学习体验产生明显影响。当前我国高职教育中普遍存在着“重理论轻实践”现象，导致了许多优秀的信息化教学资源没有被有效地开发出来并得到合理利用。而微课作为一种新型教学模式，能够很好地弥补这一不足。所以高职院校应鼓励教师主动学习信息技术和提升微课操作能力。

一是高职院校可以以教师信息技术和微课操作能力为绩效考核标准，从而直接与教师的绩效相联系。长期实践经验证明，绩效考核的所有考核标准都能发挥最好的约束作用。当然当学校在教师考核标准中增加了信息技术和操作能力项目后，教师们也会高度重视微课教学中信息技术与操作能力的培养，并且会快速反思他们在这两种能力上的实况和积极采取措施提高他们的信息技术与操作能力。这样高职院校的教师在信息技术和操作能力方面就会有较大提升。

二是经常测试教师信息技术和微课操作能力。高职院校在条件成熟的情况下，可制订周密的检验计划定期考察各科目教师在微课教学中信息技术和操作能力现状，赞扬成绩好的教师，同时给一些成绩差的教师一些压力，督促他们关注信息技术和操作能力方面存在的问题并进一步提高。

### （三）合力助推微课资源开发

根据微课应用实践效果分析，微课资源开发与高职高专课堂教学中微课应用密切相关，能否把握好丰富的微课资源对于高职院校微课应用成效是关键因素之一。所以高职院校应注重微课资源开发并不断地完善与之相匹配资源。通常高职院校可从如下几方面着手。

一是建设微课资源共享平台。微课资源在总量上较为丰富，各高职院校因其教育发展方向和专业安排等原因，致使所具备的微课资源具有一定差异。在此认识基础上，高职院校可建设微课资源共享平台，并借助该平台实现各高职院校之间微课资源共享。高职院校在这一过程中要先将其所拥有的微课资源有计划地进行整理与分类，然后再结合学校发展方向与教学特色明确现阶段微课资源存在的不足之处，最后考虑到微课资源共享平台建设以信息技术为基础，因此为了建设一个完善的微课资源共享平台，高职院校也需掌握先进信息技术。另外，还要将收集到的各类高职院校所需的微课资源有机地整合起来，形成一个完整的体系。当然，政府和教育部门的扶持对于高职院校构建微课资源共享平台也起着十分关键的作用和影响，高职院校应积极争取政府和教育部门的各种支持，如资金支持、设备支持等，为建立完整的微课资源共享平台打下技术基础。

二是积极开发微课新资源。伴随着现代化教学技术和教学理念的进步，高职院校微课的适用范围也会越来越广。然而，目前我国大多数高职院校并没有充分意识到这一点，他们只是简单地将互联网等信息技术运用于传统教学方式之中，从而忽略了微课资源的重要性。所以高职院校也应积极开发微课资源。首先，专业知识是微课资源发展的前提与必备条件，高职院校应进一步引进具备微课资源开发知识的优秀人才，增强学校微课开发资源实力。其次，高职院校应该站在学生与教师的角度，主动搜集教师与学生对于微课资源开发的要求与意见，并根据意见开展微课资源开发工作。最后，高职院校也可吸取其他高等院校有价值的经验并结合本校目前的办学规模和发展环境，将上述所有因素全方位考虑来制订微课资源开发方案。

三是健全微课应用相关配套资源。如前所述，微课应用相关配套资源主要有硬件资源与软件资源两大类别。高职院校可从这两方面着手进行必要的改进。在微课应用硬件资源方面，高职院校可在硬件设施上增加资本投入并购置足量微课教学辅助设备，如用于课堂的投影仪，用于拍摄的高清摄像机。当然，考虑到这些硬件设备需耗费较多，高职院校也可求助政府和教育部门，让其帮助院校获得充足的资金采买相关设备。就微课应用软件资源而言，高职院校应进一步重视各学科教师培训，提高教师对于微课模式在日常教学中的重视程度，增强教师的微课运用能力。这样高职院校微课应用相关配套资源就会有较大程度提升。

### （四）更新知识提高教学能力

将微课教学资源运用到教学当中，一方面可以充实教师授课内容、提升教师课堂讲授能力、提升课堂教学知识量；另一方面还需要教师坚持学习和研究微课模式、提升信息技术操作与运用能力、更好地发挥微课资源在课堂教学当中的运用成效与功能。增强教师对信息技术运用的认识，增强其拥有运用微课资源开展教学的技能。同时，要重视微课资源的开发和利用，使之成为提升教学质量的有力工具，实现学生自主学习，培养创新思维和实践创新能力的目的；还要注重对微课资源的评价，为后续课程改革提供参考依据。对传统教学方式进行改进，推动微课资源有效运用于教学，从而增强教学效果，有效提升教师教育技术能力和创建高职院校教育信息化专业团队建设。除此之外，高职院校也可通过微课知识考核系统的建设来实现教师微课教学知识掌握情况和绩效考核之间的直接联系。这样教师就会更注重知识更新，跟随教学动态不断更新微课知识。

### （五）重视微课应用的效果

从本质上讲，微课的运用效果可以直接反映出高职院校课堂教学微课运用实况。在当前高职教育教学改革不断深入的过程中，微课被广泛应用于各个学科教学之中。微课不仅可以提升课堂学习效率，而且还能有效培养和提高学生综合素质。但是由于学校、教师和学生对于微课的应用效果并没有给予足够的重视，尽管国内许多高职院校在微课运用方面采取了许多积极措施，但是并没有达到理想的成效。在此背景下，高职院校的教师和学生均应关注微课应用效果。

从学校的角度而言，高职院校可把微课应用效果作为调查教学现状和教学质量的内容，并制订相关的制度来对其进行调查。此外，学校也可把微课应用效果列为日常关注的焦点，从各方面，多角度分析微课在各个学科的应用情况，及时发现其问题所在，有针对性地采取相应的对策。

从教师的角度而言，一是积极配合高职院校制订的各种政策与举措；二是教师要从自身做起，对微课应用实际效果进行反思，发现其存在的缺陷并加以改进。

因为微课属于新型教学方式，尽管它的发展较为迅速，但是也难免有各种不足和缺陷。所以，高职院校学生应从自身实际情况出发，明确微课的应用成效，并及时调整学习状态与习惯，顺应微课教学模式的发展。当然学生还可以根据自己的学习成绩和学习态度，对微课教学过程中存在的问题进行反思，从而为自身进一步提高学习成绩提供参考依据。

### （六）优化微课使用的环境

微课使用环境对于微课的运用也有着十分关键的影响，好的使用环境有利于微课使用率的提升，有利于激发高职院校师生对于微课的学习兴趣。在此基础上，高职院校有必要对微课使用环境进行不断优化，为教师和学生营造适宜微课生存和发展的教学氛围。在这一过程中，学校可引入先进微课教学设备对微课应用进行硬件支撑。此外，高职院校可加大教师培训力度，在教职工大会及其他会议中强调微课应用对学校发展具有重要意义，激励教师主动投入微课学习中去，增强微课应用软实力。同时，还要注重对师生的引导，让他们认识到微课教学的优势所在。此外，高职院校还应该加大对微课程的宣传力度。当然，要想将学校微课教学力量发挥到极致，高职院校也可招聘创新性人才，给微课应用带来新的生机与活力。

## 第二节　高职英语慕课教学模式

在现代信息技术环境下，慕课模式是以关联主义为基础，开展大规模的在线教学方式和学习方式。慕课模式的形成和发展，是时代发展和信息技术不断进步的必然产物。本节重点讨论高职英语慕课模式。

### 一、慕课模式的定义

慕课（MOOC）是一种在线课程开放模式，又称大型开放式网络课程，MOOC 四个英文字母分别是 Massive（大规模的）、Open（开放的）、Online（在线的）、Course（课程）四个词的缩写，“M”代表参与这种开放性课程的人数多，规模大；第一个“O”代表这一课程具有开放性，只要是想学习的人都可以参与其中；第二个“O”代表这一课程是网络在线的，学习的时间非常灵活的，想学习的人可以自主选择；“C”代表课程，慕课包含的课程种类众多。慕课是在传统的资源发布和学习管理系统的基础上发展起来的新型课程模式，主要由具有协作精神与分享精神的个人或团体所组成，这些优秀的课程上传到网络，可供需要的人下载和学习，目的是促进知识的传播和发展。

### 二、慕课模式的优势

#### （一）创建能力提升学习平台

我国高职英语教学始终处于改革之中，但教师通常还是以基础语言知识的传授为主，出现了英语教学脱离专业知识的现象，这既不利于提高学生英语综合运用能力，也不利于提升就业竞争力。慕课模式给高职英语教学带来了大量学习资源，较好地解决了课堂教学中存在的资源单一，信息量不够大等问题，同时也给学生学习拓展与能力提升提供了一个广阔的平台。高职学生既能选择高质量的基础英语课程，进一步拓展英语基础知识与技能，又能根据专业需要与发展需求选择多种高质量的行业英语课程，促进自身行业英语应用能力和综合职业能力的发展。此外学生还可根据个人兴趣爱好选择慕课，以进一步提升自己的社会适应能力，在未来进入社会时实现可持续发展。

### （二）满足不同学生学习需求

高职院校学生来自不同的地区，各地的教学水平不同，而且招生生源多样，这就造成了学生的学习能力和学习基础存在很大差异。高职院校英语教学多是大班教学，教师在课堂上一般很难对学生实行一对一的针对性教学，而只能从宏观上对学生进行指导。在这样的教学背景下，很多学生已经追赶不上教师的教学进度，也有学生不满足于教师课堂教学的信息量和教学难度。因此，目前的高职英语的课堂教学已无法满足不同基础和学习能力的学生的英语学习需求。

慕课模式通过开放性的网络平台，给学生提供了多样化的可供选择的课程，能够对不同学生开展有针对性地教学，缓解当前高职英语教学中教师教与学生学的矛盾。同时，慕课教学模式不受时空限制，拓展了学生的学习空间，既有利于基础好的学生英语能力的进一步提高和发展，也有利于基础相对较差的学生英语知识的巩固和提高。

### （三）提供语言使用交流环境

对于我国高职学生来说，英语作为第二语言，由于缺乏真实的英语语言社会环境，导致学生在课堂上学到的英语知识很难在现实生活中得到锻炼和应用。这样显然降低了学生学习英语的动力和成就感，也不利于学生以后英语语言能力的不断提高。

慕课模式的出现和应用能够为学生创设良好的英语语言学习环境，学生不仅可以接触到真实地道的语言，而且甚至可以通过慕课课程直接与世界上其他国家的师生进行互动与交流，因此慕课非常有利于学生英语应用能力特别是英语听、说能力的提高。

### （四）拓展学生语言知识储备

我国的高职英语教学主要是围绕教材、通过课堂教学展开的，由于英语教学时间的短暂，加上学生繁重的课业压力，英语教师很难在课堂教学中给学生带来丰富充足的知识。而慕课教学模式以网络为平台，具有大量可供学生选择的优质课程资源，能够向学生提供丰富多样的语言和文化知识，而且方便学生随时随地学习，这样不仅可以拓展学生的知识储备，而且可以激发学生学习兴趣，提高学生的学习效率。

## 三、慕课在教学实施中应注意的问题

### （一）平台的建设和确立

构建在线课程需要一个平台来对课程进行投放，那服务器准备工作就是不可或缺得了。考虑慕课等大型开放式教学平台可能访问量较大，且以高清视频居多。然后在考虑课程自身主服务器的同时，还应该考虑到网络服务提供商和其技术熟度、支持力度等。同时，也要针对网络交流工具进行集成。所以，慕课理念中网络支撑平台与过去传统网络教学平台有所不同，本部分内容所称网络学习平台既包括所谓硬件服务器，又包括线上课程资源，这不但是构建线上共同学习所必需，更是网络教育中核心部分。从目前来看，在线课程中使用最多的是流媒体（Media Remote），而非 P2P（Peer-to-Peer）。结构化知识信息与互动信息构成了在线课程学习中的两种资源，结构化信息流以学习网站、在线课程及其他知识信息内容为主；互动信息流以学习者间互相评价与沟通为主，以深化学习者对于课程的认知与应用为主要目标。慕课教学平台应在较大程度上满足学习者需求，同时可以汇集多种网络工具供学习者自主选择学习课程所需。学习者可将学习理解与思考通过平台讨论沟通，并共享观点共同综合评估，最后达到自己的学习目标并完成学习任务。

所以，这一网络平台，与过去传统的教学模式不一样，它一定要实实在在地融入与发展趋势相适应的先进教学理念与设计中去，才能被高职专院校运用到实际教学中。当前慕课平台以 edacity、coursera、edx 等为主，全球各大机构都在相继构建大型网络开放课程。在国内，新浪微博、豆瓣等部分门户网站已出现很多学习者根据不同学习内容建立学习群体、共享资源、参与在线讨论，果壳网也开设了与慕课模式相似公开课，Coursera 现已开设五门中文课程。远程教育发展的方向之一是构建以云计算为基础，能够减少网络学习成本与时间的网络云平台。部分教育机构还建立了专门的“慕课中心”，负责发布相关信息，提供慕课技术支持，给学习者提供了自主学习的硬性条件。

### （二）授课教师的挑战

1. 慕课给教师的挑战

就当前已有 MOOC 课程研究现状而言，教师仍负担了绝大部分课程，就授课方式而言，仍以老师指导授课为主，慕课视频以教师为主体，答题解难以教师为导向。就连学生课下讨论、作业、考试环节都由教师指导学生来做。这就造成了很多问题，如课堂没有互动交流，缺少师生之间有效的沟通与合作；学生自主学习能力不足；教师对知识点讲解不到位等问题。可以说慕课的顺利实施离不开教师团队的制作设计与积极推动，显然在慕课时代教师对课程实施进行指导与参与十分必要。但在慕课背景下，教育体制正面临着重大改革，教师角色将有很大转变。传统教师角色受到极大挑战。

（1）就教师与学生之间的身份关系而言，教师已不是“主角”，而更像是影片或事件的“导演”了。

但在高职英语教学的传统课程中，教师作为教学活动中的主体与主角，主导着教学活动的制订与实施，教学活动也主要表现为教师怎样“教”，在这一“教”的全过程中，教师拥有着绝对的权威，所谓传道、授业、解惑就是教师这一功能的表现。整个教学过程掌握在教师手中，哪些教材，哪些内容，如何讲课，讲课方式，如何考试等，乃至每一分每一秒与哪些讲课内容相对应，教师都会精心设计和把控。不过在慕课学习平台中，这种状态纯属“翻转”。随着教育教学改革的不断深入，特别是网络技术、多媒体技术等现代信息技术在教学领域的广泛应用，使得传统教学模式受到严峻挑战，教师在课堂教学中的主导地位正逐渐被颠覆。课程学习的核心已不在于教师而在于学生，学生不再是被动地接受知识，而应该成为学习全过程中的主角并支配着学习全过程，在构建知识的过程中教师不再具有权威性，而仅仅是课程的设计者和课程内容的编排者。除此之外教师的任务就是设计出一套教师与学生之间互动，学生与学生之间互动以及对学习成果评价的完整系统，并主动参与到与学生之间的协作中来，从而为学习者提供更加全面的课程服务。

（2）就教师工作方式而言，他们再也不能进行“个人英雄主义”，而必须向团队合作过渡。在传统教学模式中，教师一般一人一课，写教案，备教材，上课教学，辅导重难点，作业批改一气呵成，教师与教师之间协作关系难以体现。因而会经常出现重复性的劳动和教学水平停滞不前的现象。而慕课的出现彻底打破这一现象。这个新的教育运作模式仅靠个人之力并不能满足慕课之需。他还需要许多其他角色，如主讲教师、辅导教师、研讨助教、支持服务助教等组成团队合作完成。这些角色分工明确而又紧密合作，才能保证教学质量，提高课堂效率，培养出更多优秀的人才。因此，如何设计一个好的慕课课程显得尤为重要。那么究竟什么样的课程才算是慕课呢？慕课课程要想发挥其魅力，吸引世界范围内的学习者都来参加这门课，教师就要耗费大量时间和精力来设计这门课，同时教师在开课的过程中也要耗费大量时间和精力来解答学生遇到的各种疑难问题。另外，根据学生学习情况存在的差异，要求教师要分析学生的学习情况，追踪学生学习过程中所出现的各种问题，及时提供有效的帮助。另外，针对不同同学的不同状况，课程设计团队也应实时动态调整以适应学习者的个性化需求。

（3）就教师基本职能而言，教师应该要成为研究者而不仅仅是教学者。虽然传统教育环境中的教师也需要进行科研工作，但是对教师基本职能来说，其主要侧重点仍然是传授知识。而且 MOOC 环境下教师已经不处于主导地位，也不处于中心地位，教师除通过微视频向学生传授小部分知识外，绝大部分时间都交给学习者本人去完成，教师应把大部分时间和精力花在课程设计上，用来构建师生互动环境，以学习者为主，充分发挥其主观能动性。此外，还应该加强与学生之间的互动交流，从而使学生能更快地掌握学习内容；教师也要对课程学习效果进行实时控制，给学习者布置课后作业，定时开展检测工作，针对学习者个性化特点及学习效果提高课堂教学效果。因此，慕课背景下的教师，一定要接受这一挑战，尝试探索与创造新知，促进教学水平的提高，同时也要拓展知识的储备量，促进综合素质的发展。

（4）就教师能力水平而言，需要他们向学术与技术兼备的复合型人才过渡。在传统教学模式中，对于教师技术手段并没有太高要求，主要还是以教师的专业知识掌握为主，只需要能够运用一般教学技能便可以完成授课。随着信息技术与学科整合程度不断加深，现代教育技术逐步应用到课堂中来，为实现课堂教学现代化提供了有效手段，而慕课就是这种新型教学方式之一。但是在慕课教育模式中，因为学习者来自全球各地，其认知与知识结构水平参差不齐，学习基础与学习能力千差万别，所以教师必须针对学习者特点来精心设计这门课，以便于更多学生进行学习，从而适应不同学习者的学习需求，这也更要求教师有能力熟练掌握网络技术，精心设计出教学过程中所需的大量师生互动与学习者互动的环节，并在此基础上设计出在线测试与研讨互动这一技术环节来使用，从而提升慕课教学质量与效率。这一切并不是仅仅有传统专业文化知识就可以满足与解决的问题，需要掌握一定容量与层次的信息技术、网络技术、云信息以及其他现代信息技术。唯有如此，将学术与技术相互结合设计，慕课课程才有可能达到尽善尽美的效果。

2. 慕课背景下教师角色的重塑

中国传统教育受到慕课影响，教育改革已势在必行，高职院校教师也应积极应对所面临的新挑战，更新教育理念，改变角色地位，着力提升自身基础专业知识与综合能力素质等，在慕课环境中重塑教师身份与角色，实现教学改革华丽转身。具体地说，应从如下几个方面入手。

（1）转变传统的“以教师为主导、以教材为中心、以教师为主体”的教育教学观念，重新塑造“以学生为主体”“加强师生合作”“尊重学生个性化学习”的现代教育教学观念。要使这种观念得以实现就必须改变以往的教学方式，在课程设计中，必须秉承以学生为本的理念，针对学习者个性化特征，从网络学习入手科学地选择教学内容，设计该课程教学程序及步骤，对参与讨论的活动进行调研，同时还应建立系统综合评价体系。通过整合现代信息技术，建构学习者及教师知识体系，教师在设计慕课时一切要以学生的需求为出发点，应用多种信息手段进行学习效果技术分析。

（2）加速教师角色转换。在慕课学习的大环境中，教师已经不是知识的完全权威，学习者能够通过网络平台来接触教师传授的知识乃至获取更全面的知识信息。所以，教师提供的知识仅仅只是一个大致轮廓而已，教师已经不是知识的权威人士、唯一的知识授予者了，而教师的角色更多的是一个设计、参与教学过程的组织者、协作者。在学生与学生之间产生交流，教师和学生之间发生互动时构建新知识体系。虽然教师从主导的位置上退了下来，但这并不等于他们已经失去了传统的传授知识职能。而是因为有了坚实的专业知识教师才可以成为学习者学习的引路人。所以，慕课语境下教师的首要任务也从引导学生学习、教授知识转变为组织他们学习、参与他们讨论、帮助他们解决听不懂的疑难问题、调动学习者自主能动性以及营造一个好的学习环境。在与他们进行课程学习互动的过程中激励他们，发掘他们的特色，对他们进行正确的引导，提升网络在线学习的效果。这种以学生为主体，自主学习为主线，合作探究为辅的教学模式能更好地发挥学生学习的主动性和积极性，培养其发现问题、解决问题的能力和创新能力。同时也有助于提升教学质量。对此，教师要主动转变观念，加快教育改革的步伐，对创新教育模式进行研究。

（3）提升教师信息化教学能力。现代信息技术为慕课能够借助网络进行教学模式改革提供了技术支持，虽然进行慕课课程设计时可以请专业信息技术人员对课程进行技术支持，但完全依靠技术手段革新来达到教学模式改革还不够。因为慕课之所以先进，是因为其教育理念而不是技术手段。如果没有好的教育理念作为依托，再先进的技术手段也无法发挥其应有的作用。而教师则是教育模式改革的先锋，只有慕课这一教育理念为教师所深刻理解，才能够设计出好的慕课课程。教师想要设计出好的慕课课程需要做到以下几点：一是提高教师利用信息技术化教学的能力，针对学生个性化差异与需求来设计教学内容。二是提升教师利用信息技术扩展教学形式，利用慕课手段与技巧，转变将学习者学习形式由单一接受型变为师生合作、生生合作型。三是提高教师分析能力，利用网络信息技术对学生学习情况、学习环境等进行分析，建立学习者评估与测试体系，并通过评估与测试解决学习者在课后遇到的疑难问题，以及及时发现学习者在学习过程中可能出现的问题。

### （三）课程对象的设定和审定

#### 1. 课程对象的设定

传统高职院校的课程都是基于为特殊的学生群体而设计的大纲而进行设置，

老师对于学生们也是有所了解的，比如他们的年龄、年级、特长、学习基础和知识储备等。若以此为基础设置慕课，则这些问题就不得不重新思考，甚至会碰到更多的麻烦，如有些慕课课程要求学习者掌握一些特定的专业知识，有些慕课课程要求学习者具有足够的知识储备量等。然后针对课程对象进行设置，慕课的范围有了一定的拓展，已经不限于校园里的学生了，慕课能够将课程延伸至中学生、大学生、在职人员乃至家庭主妇。教师只有明确了学习者基础与层次后，才会对授课内容、学习时间与课程表以及所选教材进行设计。有些高校慕课工作必须提前 1~2 个月才可进入正式开课，教师在开课时也必须讲清课程的定位、授课时间、所传授知识的程度和深度、学习者期望的收获与结果，此外还必须标明此慕课课程有无费用等情况。慕课课程是否值得付费？关于收费之事，其初衷在于传播与拓展知识，慕课不收取任何成本，但 Coursera 自 2014 年起就设置收费服务，即学习者若支付部分成本，则学生听课、学习、考试期间可以享受到自动或者人工学习支持服务项目，这一差异化服务不论是对提高学生课程证书价值，还是对教师有偿服务均起到促进作用。

2. 课程的审定

在慕课课程的备课阶段，教师要针对本课制作 2~5 分钟的课前宣传视频。宣传视频应使学生一睹教师风采，让学生发现课程的精彩之处，同时感受到教师的个人魅力。拍摄宣传视频时，即可重点展示老师们的胸襟与风度，以反映教师课上精彩讲解为主，以引起学生的兴趣，让他们对学习有浓厚的兴趣。还能更切合实际地集中展示课程信息，将该课所涉及的部分相关知识通过视频的方式进行反映，以彰显其魅力。但是无论以何种形式进行宣传，该宣传视频最重要的是要反映教师制作这门课的能力，既查看硬件设施如拍摄工具、摄像头清晰度、噪音，同时也要查看软件设施如教师在课上的实际讲解、课上的练习以及配套教材。

教师要较为细致地了解课程的总体进展情况、涉及的课程资源以及选择的平台。宣传视频及课程初稿完成后，可邀请其他人评估并提出意见。校方会依据提供的宣传视频及课程教学情况进行权衡。这主要取决于课程有没有吸引力、课程准备得够不够充分及能不能代表校方的水平。在提供参考后校方最后权衡一下，哪门课可以正式上线、哪门课可以暂缓上上线、哪门课仍需进一步建设与修订，因此校方需要投入更多精力去学习和研究。比如，组织助教、影棚等录制辅助人员在录影教室或编辑机房进行培训学习，以便于后期对整个制作团队进行管理。若校方决定与慕课网络平台展开合作，慕课网站会提供一些技术支持，用以保证课程推出后万无一失。

以 edx 平台和 Coursera 平台为例，edx 平台会向学校提供一个正式的网站的内部拷贝，教师可以通过这个拷贝熟悉网站平台上的功能、上传课程内容，并且还能观看到最终的课程效果，等老师熟悉和熟练了内容以后，再把课程迁移到正式的平台运行，这种为了让教师熟悉的内部拷贝，edx 称之为沙盒（Sandbox）。之所以要使用到沙盒，其主要的原因是，当课程启动之后，就会吸引成千上万的学习者，如果事先没有预设沙盒便进行尝试，很可能出现某种失误就会导致格式或者内容混乱，也会使教师在使用过程中害怕出错而过分谨慎，不能充分利用平台的功能，所以在上线之前使用沙盒进行尝试性的熟悉过程，是为了课程上线顺利实施的一个重要步骤。有学校在实施的过程中，甚至会先在校内学生中事先使用沙盒的课程，在慕课课程正式上线之前，得到充分的熟悉和演练，也可以根据校内学生的反馈情况来调整和完善慕课课程的不足之处，这样等到课程正式上线的时候，就能够为广大的学习者提供更好的服务了。

另外 Coursera 平台也采用了一些办法，让使用者提前使用，看到课程，如设定分组的形式，不同分组可以在不同的时间内看到不同的内容，正式的学习者稍后才能看到课程内容，这种慕课平台的功能，可以让教师有充分的时间来调整和修改课程，从而更进一步来完善慕课课程。

### （四）课程的上线和修改

经过课程的设定、审定，沙盒的热身之后，做一下适当的修改和完善后慕课课程基本就可以上线了，在上线的同时，课程还应该具有课程开放的时间、宣传视频及完成课程以后的评价体系等信息，以便吸引学习者选择注册该课程。慕课平台一般会在网站上进行宣传，学校也要大力进行推广，课程开始注册后一两个月就可以正式开课了。以后就可以按进度制作、完善好课程后上传到平台上。但是这个并不是一次性就制订完成的，在开始课程期间，老师应该不断地从课程论坛和课后讨论中及时听取学生的反馈信息，有效进行调整，在课程测试结束以后，还要以问卷的形式调查收集学生的反馈信息，参与学生的互动，教师也要在一个学期结束后相互交流沟通，总结经验，以确保下次开课课程的设定和课程内容形式等更加完善。

## 四、高职英语慕课模式的实施策略

慕课模式作为一种新兴的高职英语教学方式，可以通过以下四个步骤实施。

### （一）设置多样化课程

慕课模式改变了当前高职英语教学中传统单一课程设置和教学模式。就师资而言，传统的高职英语教师教学资源非常有限，因而教学的针对性和实效性不强。就教学材料来说，当前大多数高职院校都采用高等教育出版社、上海外语教育出版社、外语教学与研究出版社等几大出版社出版的通用教材，教学内容的针对性和实用性不强，不能紧密联系学生的岗位需要和专业能力发展需要。就课程设置来说，各高职院校虽然也设置了选修课，但课程设置的种类和数量都非常有限，主要是面向学生英语等级考试开设的辅导课，因此无法满足学生英语知识拓展、英语技能提高和跨文化能力发展的需求。对此，慕课教学模式提供丰富多样的英语学习资源，学生可以根据自身的兴趣和需要来有针对性地选择课程，这必然会大大提高学生的学习兴趣，从而提升学生学习英语的质量和效率。

### （二）采用多样化教学方式

高职院校在实施英语教学改革时，推进教学方式的多样化，但是教师目前采用的主要教学方法仍然是课堂讲授，并穿插多媒体辅助教学形式，因此教学形式比较单一，也不利于调动学生学习英语的积极性。随着网络多媒体技术的快速发展及其在教学中的广泛应用，慕课教学模式也在高职院校得到了逐步推广。慕课教学模式推动了高职英语教学方式的多样化，学生可以在任何地方任何时间，只要有电脑、平板或者手机就可以进行学习，这样大大拓展了学生的英语学习时空，提高了学习效率。

### （三）实施多元化考核方式

在网络多媒体教育背景下，高职英语慕课模式的推行也为英语教学考核方式多元化发展提供了条件。在传统教学模式中，一般都是以传统笔试的形式对学生英语学习成绩以及语言水平进行全面的测试，因该形式测试的形式以及内容都较为单一，所以难以对学生实际水平进行测试。但慕课模式中，可采取多样化考核方式以增强考核全面性、针对性与可靠性。首先，可强化过程性考核。慕课模式为学生在学习过程中的评价提供了一种统计测量的有效途径，老师能及时追踪学生学习进展，监控学生学习任务的完成程度以及作业、测验等评价结果，从而能及时发现学生在学习过程中出现的问题，及时有针对性地进行辅导，其次，可根据学生的学习状况采取不同的评价方法。通过个性化考核方式针对不同水平学生制订不同测试题目实现分类指导与共同提高；最后，可以采用开放性测试方式。通过新型网络平台能够为同学们提供更多在线考试机会，规避了“一考定终身”的考试弊病，为学生营造了持续学习，持续进步的学习气氛，激发了学生的学习兴趣与动力。

**（四）有机结合传统课堂与慕课模式**

慕课模式与传统课堂教学相比，具有很多的优势，但是要更好地发挥慕课模式在高职英语教学中的作用，还必须充分发挥慕课模式和传统教学模式的各种优势，有机结合两种教学模式，更好地拓展教学空间，提高教学效果。

1. 建设优质的高职英语慕课资源

目前一批高职英语慕课课程已经在中国大学慕课平台上线运行，为高职英语线上教学提供了很好的平台，但是无论是数量和质量都无法满足高职院校教学改革的需要。因此，教学管理部门应加大慕课建设的推进力度，鼓励高职院校联合优质师资，共同开发更多的优质英语慕课资源，以满足学生不断增长的网上英语学习的需要。

2. 加强对高职英语教师的培训

高职英语慕课模式教学的推广和应用，需要得到广大高职英语教师的支持和推进。因此必须加强对高职院校英语教师的培训。一方面通过培训使广大教师更新教学理念，充分认识推进慕课模式的重要性，从而提高学习和应用慕课模式的自觉性；另一方面要加强慕课模式的技术培训，加强对教师慕课开发、应用能力的专项培训，使英语教师能够学会开发慕课的方法，并能在教学中熟练使用慕课模式。

3. 加强对慕课实施过程的管理

由于慕课课程在网上实施，因此加强对学习过程的监控和管理，对保障慕课教学的质量至关重要。对大多数高职学生来说，学习能力差异较大，良好的学习习惯尚未形成，而且自控能力相对较弱，因此要确保英语慕课教学模式顺利实施和有效推进，教师必须加强对学生的教育、指导和监控。一方面，要加强指导和培训。通过教育和指导，使学生提高在线自主学习的自觉性，同时掌握慕课学习的技术和方法。另一方面，加强对学生慕课学习过程的监控。教师要跟踪学生的慕课学习，及时了解学生的学习情况，特别是对于自控能力比较差的同学要给予更多的关注，发现问题及时给予教育和指导帮助。同时，教师要加强对学生学习过程的考核，通过作业、测试及时了解学生的学习进展和学习效果并给予必要的反馈指导。

4. 有机结合传统课堂和慕课模式

慕课模式有其自身的优势和特点，对于提高学生学习兴趣和学习效果有非常重要的作用，但是网络教学也存在着监控比较困难等不足。因此，在实际高职英语教学工作中，应注意发挥传统课堂和慕课模式各自的优势，将传统课堂和慕课模式有机结合，确保教学改革效益的最大化，达到提升教学的信息化水平、提高英语教学质量和满足学生学习需求和个性发展的教学改革目标。

## 第三节　高职英语翻转课堂与混合式教学模式

在当前信息化教学环境下，出现了一种名为翻转课堂的新型课堂教学组织形式。教师在这种教学模式中，会将教学视频作为学习资源的主要形式提供给学生，要求学生对教学资源的观看和学习须在上课前完成，并结合课前的学习，组织学生在课堂上展开讨论探究，学生的课前学习情况和实际讨论情况教师要进行跟踪，并针对学生在其中出现的问题进行答疑和交流。“以学生为中心”是翻转课堂最本质的教学思想，同时也颠覆了传统的教学流程。

在翻转课堂的运用中，教师与学生间的交流互动得到增加，学生的个性化学习也获得了发展的机会，实现了全新的“混合式学习方式”。这一成果是课堂教学模式改革的重要探索。将翻转课堂的理念贯穿于混合式教学中，不仅能让混合式教学的优势得到充分发挥，还能让传统的学习方式更加丰富，使学生学习的积极性和主动性被有效地激发出来。我们的教学改革在这种新型的混合式教学的启发下，为改革找到了一种新的思路。

## 一、翻转课堂

### （一）翻转课堂的教学特点

1. 师生角色发生改变

教师们在传统教学中充当着类似权威人士、专家的角色，学生们只能被动地参与课堂。现在教师在翻转课堂教学中所扮演的角色趋向多元化，一方面他们要传授知识，另一方面教师更多的是融入学生中间，对学生进行帮助和鼓励，实现差异化教学。教师通过为学生准备课前自主学习的材料逐渐向学习的建构者转变；教师需要对教学活动进行设计，在设计课堂活动时要注意要在学生在知识上的薄弱环节进行针对性教学，做好对整个教学环节的调整；教师还对学生遇到难题时有着指引作用，能够使学生更自觉地参与到学习中并将互帮互助的学习氛围建立起来；教师还可以是学生的朋友，融入学生之中，寻找与学生互动交流的时间和机会，在有效的沟通下，让师生关系变得更加和谐融洽。同时，学生开始了主动学习，学生摆脱了老师的“控制”，对学习进度和学习时空进行自我掌握，而不是为了完成任务而去学，让自己成为学习的主人，对“怎么学”这一问题进行主动的思考和探索。学生可以对自己学习的时间和地点进行选择，对自己的学习进度可以根据自身的基础来调节。在翻转课堂中，课堂的中心是学生，只有这样才能调动学生积极参与课堂学习，主动尝试互动并自觉地进行知识的建构。

2. 教学资源更灵活

在传统课堂中，教材、教学课件是主要的教学资源，教师在传统教学中，在向学生讲解知识的时候依据的是教师自己制作的课件，这些课件都是教师基于自身对教材的理解而制作的。学生们对老师传授的知识只是快速地记录，但仍难以避免会将知识点有所遗漏，毕竟教师授课时讲的话是无法复制的。而翻转课堂把学前的微课作为重要的教学资源，在10~15分钟的时间里，将知识点进行精讲，学生对没懂的知识可以暂停和回放，对已经掌握的知识还可以快进。翻转课堂将更多的自由给予学生，让学生在课堂上就可以完成知识内化的过程。同时，微课的学习方式让学生对传统课堂授课方式的紧张感消除了，还可以对学习的时间和地点打破时空的限制进行灵活地自主选择。此外，学生在线与教师或同伴交流，帮助解决自己学习中遇到的困难，从而使个性化的学习得以实现了。

3. 重塑教学流程

翻转课堂重塑了传统教学的教学流程，它将信息传递和知识内化这两个学习的流程置于课前和课中，使学生能够更多地参与到教学活动中。在传统课堂中，传递知识的环节发生在课堂教学中，知识的内化只能在课后进行。最终通过考试进行检测，实现知识的输出，进而使得应试教育的局面形成。而翻转课堂主张先学后教，课前就完成了知识的传递，课上教师就可以根据学生在课前学习遇到的问题，进行针对性的讲解，节约出来的大量时间可以用来进行知识的内化，使学生更快地将新知识吸收消化。

4. 改变了评价方式

在传统教学中，教师评价学生对知识的掌握情况是通过作业和期末考试。但是学生在完成作业时会相互抄袭，独立做作业的学生只是少部分。而且教师的评价也是延迟的，因为教师只能在上下次课时才能反馈作业的情况。这一切在翻转课堂都得到了改变。学生要想了解自身的自学能力，可以在课前通过自学环节的自测卡来获得相关的信息。教师在了解了学生在自测卡上遇到的难题后，可以对教学内容做出针对性的调整，这样就做到了即时评价。在翻转课堂教学模式下，多元化的评价方式代替了传统教学中的单一评价方式。学生不仅要在自主学习中进行自评，还要在课堂活动中进行互评以及教师总评。这样的多元化评价方式，考试仅仅作为评价体系的一种评价，这样得出的评价也更加科学合理，也更容易赢得学生的喜爱，可让学生的学习兴趣得以提升，从而提高学生的学习效率。

### （二）翻转课堂教学的优势与局限

1. 翻转课堂教学的优势

从小学开始，我国的学生就要在封闭的教室里度过十几年的岁月。他们用着木头桌子和凳子，听着老师对知识点平淡地讲解和罗列。毫无新意、一成不变的学习让学生毫无兴奋感可言，上课发呆、眼神涣散、睡觉、玩手机、看课外书、聊天的同学屡见不鲜；下课疯玩，精力充沛；上课无精打采的同学大有人在。而获得学分，通过考试是他们还能在教室里坐着的原因。高职英语教学面对这样状况，改革势在必行。作者认为要改变这一现状，引入翻转课堂模式将是一个不错的选择。翻转课堂教学的应用有以下几点优势。

（1）有利于个性化教育

我国著名学者郭沫若认为培养学生的自主学习能力就是教学的目的。而人本主义主张学生完美人格的形成需要教师进行引导，这与郭沫若主张的学生自己主导学习的理念高度一致。翻转课堂的应用不仅让学习环境得到了改变，还让曾经严肃沉闷的教室得到的改变，现在的教室会让学生感到放松，学习地点和时间可以由学生自主选择；翻转课堂使学生的学习地位发生了逆转，十几年学习生涯中他们一直是在被动地接受知识，而现在成了主动地获取知识，学习进度的把握也从教师控制变成了学生自主决定，使学生真正成为了学习的主人。

（2）促进学习中的双边互动

在传统教学活动中，应试教育是主要的教育方式，学生注重的是自己的分数，而不是知识的获得。学生的学习效果还会以表扬等不客观的形式内容敷衍过去。同时教师也只是对工作业绩比较看重，自己的这份工作是否发挥了教师应有的价值则被忽视。英语教学被传统教学当作一种工具，在求职、出国以及各类考试中，英语成了一块有力的敲门砖。一大批应试考试的“专家”被传统教学模式培养出来，他们可以应对各种考试，但是一旦与外国人进行面对面的交流时，就立刻变成了聋子、哑巴，听不懂，也说不出。这样的教育是不能造就真正的人才的。在传统课堂教学中，教师与学生之间的零互动也是会发生的，教师沉浸在读题中，学生一味地埋头记录、做题，当需要实际应用时，才发现自己在听说方面的巨大差距。

（3）和谐了师生关系

从人本主义的角度考虑，教育就是为了给社会培养人才，英语的教学目的让不同语种的人们可以更好地交流。翻转课堂在高职英语教学中的应用恰恰推动了师生、生生间的互动交流。在传统教育中，学生对教师有一种敬畏感，但教师并不能给学生亲切感，甚至有些内向的学生害怕向老师打招呼。师生间的互动在翻转课堂的教学中得到了促进，师生之间距离感也在这频繁的互动中逐渐拉近了，使得老师与学生能够彼此相互了解、尊重。在翻转课堂教学中，教师扮演的角色也发生了改变，这种改变也从客观上把师生间的距离拉近了。学生也能感受到在翻转课堂中的教师从一个高高在上的权威人士转变成了身边和蔼可亲的导师，从此不再对老师产生畏惧，交流学习、生活上存在的困难也有勇气向老师吐露，师生关系也变得更加融洽。

2. 翻转课堂教学的局限

（1）需要学生建立良好的自主学习能力

课前学习在翻转课堂教学中是一个很重要的组成部分，是翻转课堂教学实施的一个前提条件。翻转课堂能否顺利进行与学生自主学习能力的高低有着直接的关系。在自学阶段的学生可以自由地制订学习计划，只有树立明确的目标，拥有一定的自制力，才能保证高效完成学习任务。但是，作者发现学习目标不明、学习动机不足、学习兴趣不高的现象在现在的高职学习过程中普遍存在，应试教育模式仍旧对学生的学习习惯有着很深的影响，学生的自主学习难以进行。因此，对学生的学习兴趣进行提高、引导学生树立正确的认识并找准学习目标、让学生的自主学习能力获得提升是教师首先要思考的问题。

（2）需要丰富的教学资源和良好的教学环境

翻转课堂实施过程的前提条件和保障是帮助学生进行自主学习，因此选取能够调动学生学习兴趣的学习材料是很重要的。在制作微课时，教师需要丰富的教学资源来辅助自己完成提高学生学习积极性和参与度的任务。同时，在翻转课堂中，良好的教学环境包含着教学、学习设备等硬件和网络技术平台的好坏。这些直接影响着翻转课堂的教学效果。

（3）需要教师有较高信息技术能力

课堂教学的两个重要的组成部分是教师的“教”和学生的“学”。然而，与传统教学模式相比，翻转课堂教学对教师的专业能力要求更高。在教育教学活动中，教师的专业能力一般表现为教师形成并表现出来的、能使教育教学活动的成效和质量受到直接影响的，并决定了教育和教学活动的实施与完成的诸多能力的结合。

而翻转课堂教学对教师专业能力的高要求体现在制作课前学习资料，体现在对学生的观察、能否引导学生互动学习、课堂教学活动的组织、与学生的沟通能力、教育科研能力等方面。而这些专业能力即便是经过具体的培训也很难获得，这需要时间的积累、经验的总结、知识面的扩大、思想的沉淀、教学的反思等慢慢磨合才能提高的。

### （三）提高翻转课堂在教学中有效性策略

1. 提高教师素养

（1）转变教师教学观念

对于一些教师而言，要用翻转课堂这种新型的教学模式去代替他们用了多年的传统授课模式，他们是难以接受的。他们认为实施这样的教学模式是会让自己的工作负担进一步加重，是一种自找麻烦的表现。而那些年轻教师、新进教师对翻转课堂这种新型教学模式更容易接受，并愿意尝试挑战。如果教师在实践时，为传统教学理念所束缚，在学生遇到问题时只是把答案告诉他，而不是引导学生让学生自己想出答案，这种理念与翻转课堂教学的初衷则是相悖的。在翻转课堂教学理念下的教师应该转变固有的传统教学理念，鼓励学生自己根据已有的知识来猜测或者置换掉词语，帮助学生学会多角度地看待问题。如果教师一直受困于旧思想的窠臼，不能对教学中存在的问题进行思考和总结，提高教学效果，只会沦为一纸空谈。因此，在校园中推行翻转课堂，对教师观念进行改造将是首要问题。

（2）不断提升教师专业能力

教师专业能力在面对翻转课堂教学中有了新的挑战。比如，课程开发能力、课堂活动创新能力、教学知识处理能力等。在翻转课堂教学中，虽然不再以教师讲课为主，但教师在整个教学过程中依旧发挥着主导作用。课前学习资料的制作，学生学习时间的安排，课堂活动的组织工作……这些都是翻转课堂对教师的新要求。比起传统课堂对教师的要求更高了。教师的课前学习材料不仅要设计得有趣，还要有合理的结构，以此激发学生学习的兴趣，保证学习的延续性。同时，在课堂教学中，还要对小组活动承担起组织工作，调动所有的学生参与到活动中，在整个课堂教学过程中，教师还要随时处理学生提出的问题并就小组活动做点评，这些对教师而言都是新的挑战。与传统教学不同的是，我们无法预测在翻转课堂教学中教师将会面对什么样的问题，学生活跃的思维会让很多预料不到的突发状况出现。面对这些意想不到的问题，教师只有将自身的专业能力不断进行提升才能在教学的道路上顺利前行。

（3）加大教师培训力度

第一，信息技术培训。在翻转课堂上，具备一定的信息技术能力是教师必备的基本能力。但作者发现身边的同事仍旧只是在专业学习上投入大部分的精力，而忽视了信息技术在这个信息大爆炸时代的重要性。以作者所在的基础英语教研室为例，只会 PPT 设计的一些简单操作的大约有 70% 的教师，甚至有的教师都不会下载软件，让他们独自录制视频这种事又从何谈起呢？只有具备专业的信息技术，才能将拍摄的视频做好从前期到后期的剪辑。所以，作者认为，强化对教师的信息技术培训力度，可以通过推广翻转课堂教学。

第二，教学管理培训。作者感到教学管理经验不足将会在实施翻转课堂教学时带来一些不良影响。在翻转课堂中，小组讨论是不可缺少的一部分，但仍有部分同学参与讨论时不太积极，其中的原因可能包括自身基础不足或注意力不集中等问题，这也导致了这些同学可能会在讨论时借机与他人聊天或做与课堂无关的事。作者认为这样的情况不是个例，想要控制好课堂纪律，就必须管好这样的学生，因此要对教师进行必要的教学管理培训。同时，教师的心声也应当为学校所重视，对班级规模进行适当控制。目前，在实际操作时，高职院校一个 40 人以上的行政班级会面临人数过多造成的困难。这种人数的英语课堂难以做到一对一辅导，个性化的学习只能是幻想，教师的课堂监管也会有相当的难度，预期的教学效果也就无法达到。

2. 改变学生学习观念

（1）端正学习态度

学生才是翻转课堂教学中的学习主体，所以翻转课堂教学就是要以学生为中心。如果学生们仍然使用传统课堂的填鸭式教学的学习习惯，那翻转课堂对自己是难以有所改变的。这就要求教师要更为用心和细心地准备课前学习材料和课堂教学活动，让课堂内容吸引住学生持续学习，并要从自学能力和知识层状态的角度去考虑是否符合大部分学生的接受程度，让学生间的差距逐步缩小，帮助学生们建立信心，从而让学生们的学习态度获得循序渐进的改变。英语学习的极端化问题是在中国教学现状的影响下发生的，表现出热爱学习英语的同学成绩优秀从而内心也变得自信，而英语学习不好的同学，在学习过程中的屡遭挫败，导致厌倦、害怕英语，这也给教师在学习材料的选择和组织、教学活动设计上造成了一定的困扰。在对不同层次的学生做出简化教学活动的要求就是一个不错的选择，如让学生从简单句式开始练习，再将难度逐步增加，适应、克服羞涩心理，从在交流时敢用英语开口互动到对用英语互动有了兴趣。同时，学生也不能将学习当成一个任务，更不能当成家长或老师强加的负担，而是为了提高自身素质。如果学生认识到这一点，就会对学习不再感到排斥，并在同学和教师的帮助下，慢慢地提高学习兴趣，最后能够主动地学习。

（2）培养自主学习能力

学生既是翻转课堂教学的主角，又是课堂的根本。翻转课堂对学生的自主学习能力的要求更高：它要求学生对教师准备的学习视频能主动地在课前观看学习，做好笔记，弄清楚其中的要点、重点、难点，能主动与同学开展合作式学习、针对疑难点进行讨论，或者自己找出答案，对新知识的建构进行探究式学习，同时也要求课前学习卡必须独立完成；它还要求学生带着课前学习没有解决的疑问在课堂上拿到小组中来解决；它也要求学生在教师的引导下专注地进行在线学习讨论，克服网游、闲聊等负面信息的干扰，不仅要自身的自制力得到增强，还要让自己的自主学习能力得以提高。作者认为可以从几个方面入手，一是把学生自主学习能力的培养作为前提条件，不断地增强学生对学习的兴趣。教师要让课前学习材料变得有趣，让课堂活动的设计变得更加合理，让之前沉闷的课堂也能变得生动有趣起来。二是帮助学生在感受成功的过程中树立自信心。在教师的引导下，学生开始慢慢学会主动思考，说英语、问问题也变得大胆起来，对于知识也要勇于质疑而非一味地抄录，逐步养成自己的学习风格，注重良好的学习习惯的养成。三是让师生关系变得和谐融洽。让民主的、和谐的课堂代替之前死板的传统课堂，为学生的学习环境营造轻松愉悦氛围，使他们产生对学习的兴趣；给学生一位“良师益友”，让他们的学习更加轻松，加速提高学生的自主学习能力。

3. 合理设计微课资源

（1）按科学实用原则精心设计微课

微课不只是对资源的简单聚合，更是十分重视对资源的整合性。①主题突出、内容精悍、时间短，这些是微课的特点。微课要求在短时间内，教师要把逻辑性、知识性、针对性和实用性赋予传授的教学内容中，科学组织教学内容的基础上还要兼顾让内容生动有趣。认知负荷理论认为，学习者的先验知识、学习材料的复杂性以及组织与呈现方式共同构成了影响认知负荷的基本因素。②学生注意力会被无关的信息分散，所以在微课中避免影响知识的获得、使学生认知负荷增加的要素出现。同时，要避免制造过大的学习压力给学生，导致学生的学习兴趣受到影响，教师要将精练化、具体化、简单化的教学内容设计在微课中，无关性认知负荷的设计要尽量减少，干扰学习内容的要素要尽力避免，去芜存精，做到真正地为学生减压。

（2）按实际需求合理选用微课

网上的微课资源虽然很丰富，但是视频质量良莠不齐，教师必须要考虑的是在繁多的资源中将合适的教学材料甄选出来。教师还需要结合教学目标和教学主题从众多的微课作品中筛选最符合辅助学生学习的视频，避免微课的使用流于形式，发挥微课的积极作用，使其在高职英语教学中发挥更好的服务效果。英语与其他科目不同，它是需要学生为逐步提高自身的认知进行反复地交流、练习的学科。根据英语学科的这一特点，教师也无须用微课的形式将所有的授课内容进行传授。例如，对高职院校的学生要求掌握的四大技能：听、说、读、写。学生听和说的能力需要教师在听、说设计上进行训练，以期达到能使用基本句型进行简单交流的水平；在读这一方面需要教师传授一些阅读技巧，帮助学生提高自身的阅读能力；而传统教学更适合写的部分，某一应用文体基本格式被学生掌握之后，学生还要对一些基本表达方式进行掌握，传统教学中的PPT或导学案就可完成这项任务。滥用微课以及盲目追求形式的新颖，将会增加学生的认知负荷，导致学生反感。微课的恰当使用，对引起学生学习兴趣，保持新鲜感，最终实现学习效率提高的目的。因此，教师切勿盲目滥用微课。

4. 合理设计教学过程

（1）自主学习以问题探究式为主

作为学生的自学材料，微课与传统的纸质版材料更能吸引眼球。但长期面对单一的视频教学，学生也会感到枯燥。为了满足不同层次的学习者需要设计出的视频新颖、有创意，而语言的生动活泼、情感丰富也可以吸引学生，保持其学习的兴趣。环环相扣的问题比长篇大论来讲述知识点更有意思。学生要想掌握新知识以及重难点，就必须主动学习，掌握提纲挈领的方法，对学习内容进行梳理，从整体上有效地把握结构。有时会出现无法实施课堂活动教学的情况，作者建议运用探究式讨论的方式，来促进学生的自主学习，使学生积极参与讨论、合作探究，共同解决问题的能力。

（2）组织多样化教学活动

如果教学形式过于单一，学生可能会出现注意力不集中的情况。作者认为解决这一问题可以设计一些形式丰富、有创意的教学活动。作者在翻转课堂教学实施中发现了游戏化学习这种有趣的学习方法。比如，作者采用了两组 PK 的形式来巩固学生的词汇记忆情况，这样既增加了趣味性，又能避免一些学生浑水摸鱼。此外，作者还会采用抢答的形式来检测学生的快速阅读能力；在学习完一篇文章后，作者会让学生进行角色扮演对文章的内容进行演绎。在翻转课堂中，多样化的教学活动使高职英语教学处在轻松快乐的学习环境，这与提倡“玩中学，学中玩”的新课程标准倡导可谓不谋而合。游戏化学习能够培养学习者的主动性、协作性和创造性，开创了一种别出心裁的学习方式，使学生在完成学习任务时充满了乐趣，学生的学习动力也会因此提高，促进学生有效学习。

（3）合理安排课前学习时间

在课前完成知识传授的过程，以促使学生学会自主学习是高职英语教学在翻转课堂教学模式下的一大特点。但仍旧在一个问题，那就是学生认为过多的课前学习时间会增加他们的学习负担，并且使他们的学习花费更多的时间。那么对课前学习时间的合理安排，使得学生的学习主动性能够持续保持，最终使翻转课堂的教学模式获得成功，就必须将这一问题解决。作者认为，可以利用碎片化的学习时间观看视频，如早晚自习、课间休息、睡觉前等。学生在利用碎片化的学习方式时是较为轻松、没有压力的，这种不强调在特定的时间和地点进行学习，让学生在心理上的抵触情绪得到了一定程度的缓解。

## 二、混合式教学模式

当前有一种教学模式能将传统的师生面对面教学的课堂模式与数字化学习有机结合起来，以此形成的新的教学模式就是混合式教学。混合式教学在教学过程中能够让教师的引导、启发、监控等作用充分发挥，并且还能够调动学生在学习过程的主动性、积极性和创造性，实现传统课堂的面授教学形式与现代网络多媒体教学方式的结合，将更好的教学效果呈现给学生。

## （一）基于翻转课堂理念的混合式教学模式

1. 传统课堂教学与现代网络教学混合

长期以来，“教师讲、学生听”的传统课堂教学模式普遍采用于学校教育。教师在课堂上处于主导地位，是教学活动的主体，是传播知识的引导者，但学生是在被动地接受知识。在这种教学模式下，人类社会几千年来积累的文化科学知识能够系统、完整地传授给学生。因此，目前这种教学模式仍然被大多数学科使用。在这种模式下，通过教师的讲解，学生能够比较快速、系统地获取大量知识，从而对学科的理论进行快速掌握

但是这种传统课堂教学模式的弊端主要表现为知识传递方式单一，难以调动学生学习的积极性、主动性，同时对师生的交流和培养学生的学习情感都有不良影响，学生的创新思维和创新能力也缺少在课堂上展示的机会。现代网络和多媒体技术会创建一个真实且生动的学习环境供教学使用，还能提供丰富多样的教学资源和便捷的知识获取途径。而能够结合二者的优势的混合式教学，能够充分地发挥教师的主导作用和学生的主体作用，使学习方式和学习途径更加丰富，这种教学模式在当前的教学改革中是很有成效的一种模式。

2. 传统课堂教学与翻转课堂混合

传统教学观念和常规教学顺序因翻转课堂遭到了颠覆。并且这种教学模式受到了广大师生的关注和欢迎。关于翻转课堂的教学实践探索，还会有更多的学校和教师参与其中，并从中取得成效。但是也有人认为教师不能在翻转课堂教学模式下充分发挥作用，学生的学习兴趣也不能被很好地调动起来，因此课堂教学效果也没有获得较大的改善。究其原因，在实施翻转课堂教学的过程中，有的教师对翻转课堂的关键环节没有很好地把握住。学生的课外学习也没能良好地完成，从而导致课上的讨论也无法有效开展，这样的翻转课堂只是徒有虚名罢了，并没有翻转课堂的实质，难以取得好的教学效果也是合情合理了。

要根据学生的具体情况来决定在实施混合式教学改革时，是应当采用部分翻

转课堂还是完全翻转课堂。何为部分翻转课堂？教师在课堂上讲授教学内容的重点部分，学生课前自主学习则针对剩余部分的学习或者让学生课前以小组形式对特定主题或项目进行讨论，然后将学习成果在课堂上进行分享和讨论交流，并由教师引导学生进行思考和讨论，对学生的疑惑进行解答，这就是部分翻转课堂。

在推动课程教学的过程中，如果要实施翻转课堂，混合教学方式将是一个有效的尝试。这种教学方式不仅可以把对重点专业知识进行突出学习，又将一定的学习自由度还给学生。让学生自主学习意识和参与课堂讨论的积极性被激发了出来。同时还避免了学生不能对自主学习的目标有效地完成而致使翻转课堂的实施不能持续的结果，也能使教师制订的教学目标能够顺利完成。在混合式教学中，学生的学习基础、学习能力以及教学内容特点是教师制订教学计划的根据，而对讲授教学、部分翻转课堂和完全翻转课堂三种教学模式的灵活运用就能够帮助实现教学目标。

3. 教师教学与学生学习混合

在现代教育理念下，学习的主体与教学的主导分别是学生和教师。要让“以学生为中心”的教学理念在学生的学习过程中树立起来，这就要让学生学习的自主性和能动性突显出来。在开展教学活动、创设教学环境时，要以“促进学生发展”为中心。在翻转课堂理念的混合式教学模式的基础上，教师的主要教学活动包括：课堂重点讲授、准备和发布学习任务和教学资源、教师点评、组织课堂讨论、解答学生疑难、批改作业、与学生互动交流、补充讲解和总结；学生的主要活动包括：课堂听讲、基于学习资源的自主学习、完成个人作业或小组作业、课题汇报、提问和讨论、互动交流、课外拓展巩固等。

翻转课堂的实施，使传统的教学理念和流程被颠覆，学习知识由课上变成了课外，内化知识的时间由课下变成了课上。课堂的主角变成了学生，学生在课堂活动中进行问题探究、主题汇报、成果分享、讨论交流、提问互动等活动，学生在学习过程的体验和知识的内化被重视起来。教师则由以前的课堂主导者变成了学习活动的引导者、指导者和合作者。

4. 形成性评价与终结性评价混合

混合式教学模式是在翻转课堂的基础上既对教师的上课过程十分重视，又在培养学生自主学习和合作学习能力上加大力度，同时对学生的信息素养和表达交流能力的提高也有所兼顾。混合式教学模式的使用让师生角色、教学模式和学习模式这三者对比之前发生了翻天覆地的变化。在课程考核方面采用多元的评价方式，对于混合式教学模式来说是非常重要的。这可以让形成性评价与总结性评价二者使用起来的同时，更加侧重形成性评价。形成性评价包括学生出勤、平时作业、课堂表现、课前自主学习情况、成果展示、参与交流讨论的活跃度、团队合作等。平时，教师要做好上述需要记录的内容，对考核的能力进行强化，并将形成的评价令学生知晓，调查学生的反应，促进学生及时改进和提高；总结性评价通常以期末考试的形式进行，采用综合的标准化考试形式，主要考查学生课程学习的整体结果是否达到教学目标的要求，以达到督促学生及时改进和提高的目的。期末考试是总结性评价的通常形式，综合的标准化考试形式是期末考试采用的考试方式，主要考查学生课程学习的整体结果是否达到教学目标的要求。

### （二）混合式教学模式的构建

#### 1. 混合式教学模式

混合式教学模式是以教学对象和教学目标为依据，对教学目标是否合适做出判断，并将教学的各种要素组织起来，最终将教学方案确定下来的过程。将在线学习和面对面传统教学结合起来是混合式教学的一大特点，这两种教学模式并不是简单地混合，这种混合是基于两种教学模式的不同理论进行的结合。在混合式教学模式中，教师主导的活动与学生主体参与相混合，课堂教学与在线学习相混合，不同教学媒体互相混合。这样就使得传统教学方式的优势和 E-learning 的优势在混合式教学的引导下得到充分发挥，能够将教师在教学过程发挥的引导、启发、监控的主导作用充分运用起来，把学生学习的主动性、积极性与创造性充分体现出来。让混合教学模式与教学设计分析、开发、应用和评价相结合，把教师讲授的积极性与学生学习的积极性充分调动起来，使学生对知识和技能不断掌握的同时，从学习工具、学习环境、学习者互动、学习内容、学习步骤制订等方面获得深度的学习能力和信息素养的培养，使学生的终身学习能力和可持续发展能力得以形成。人本主义教育思想在混合式教学模式得到了充分的体现，当学生成为主动学习的主体，学生的个性发展也将会得到充分的尊重和支持，为学生掌握知识，获取技能提供了更为优良的条件。

2. 混合式教学模式构建

线上自主学习、线下翻转课堂和线上重温内化是构成混合式教学模式的三个阶段。

（1）线上自主学习：教师布置的在线课程内容需要学生在课前完成与在线视频课程相关的预习任务。比如学习笔记、学习报告、主题项目汇报、论坛提问、参与讨论等，也要在线上自主学习完成这一阶段的学习任务。

（2）线下翻转课堂：教师在课上对本单元的知识重点进行重点分析讲解，在学生进行小组讨论时给予指导；学生将自己的预习心得进行分享的同时，把学习任务的完成情况和学习成果以项目汇报、主题演讲、角色扮演、小组讨论等形式进行展示。

（3）线上重温内化：在课前自主学习和课上听课、研讨时，要求学生对在线课程的相关练习和测试要积极完成。最终实现将所学内容消化吸收，单元知识的学习循环也能够通过此前的学习得以完成。

要想实现混合式教学模式能有效实施以及对学习者的学习效果进行科学评价，需要在混合式教学模式中构建多维课程评价体系，这个体系包括了三个方面的评价：过程性评价、表现性评价和结果性评价。可以实现对学习者的学习过程和学习成效进行综合考核，能够科学、全面和合理地将考核结果体现出来。第一，过程性评价将学习者在学习过程中的参与度和知识掌握情况作为主要的考核对象，并予以及时反馈。该评价模块占据评价体系 20% 的比重，其中包括线上学习时长、作业完成情况、练习测试成绩、提问频率和线上讨论参与度以及各单元课程学习反思日志等。第二，对学习者完成的项目进行展示、主体汇报和小组合作等表现性任务的完成情况作为主要的考核内容的就是表现性评价。该模块占评价体系比重约为 20%，其中包括了语言表达的流利度和准确性、汇报内容的逻辑性和信息量丰富度以及小组合作组织协作能力等。第三，结果性评价的主要内容是语言水平综合测试，包括口试和笔试。口试按照难易程度分为朗读答问、日常对话、话题讨论、观点陈述、辩论等，占评价体系比重比约为 10%；最终占评价体系比重约 50% 的评价模块是笔试，这里的笔试是指期末考试，包含了听力、词汇与结构、阅读、翻译、写作等在内的各种基础题型，对学习者的听、说、读、写、译的语言能力进行综合考查。

混合式教学模式实施的重要条件就是教师角色的转变，教师在传统教学模式下是教学的中心，整个课堂教学都由教师进行控制和管理。在教学过程中，讲授是教师的主要输出方式。讲授一定量的教学内容是教师每次授课的目标。在课堂上，学生的学习方式大部分时间是在听讲和记笔记，对教学内容的学习较为被动，教师与学生之间的互动和交流也十分缺乏。基础薄弱、英语能力和学习能力不足的大学生在高职院校占据大多数，而高职院校的很多学生在传统课堂教学模式下没有足够的能力将教师讲授的知识理解消化，也会渐渐失去对学习高职英语课程的兴趣和信心。混合式教学模式与快速发展的信息技术相结合，并应用于教学实践当中，教师扮演的角色由以前的“一言堂”转变为现在的“主持人”，更多地发挥引导学生主动参加教学各个环节的作用，学生在学习上的主动性被充分地发挥出来，师生的互动变得更加频繁，最终可以让高职英语教学的学习效率获得极大的提高。

### （三）混合式教学的必要性与可行性

#### 1. 高职英语课堂混合式教学的必要性

对于高职院校非英语专业的学生来说，英语基础是他们知识上的薄弱环节。学生在传统的教学模式下，学习的积极性和主动性比较缺乏。甚至有的学生害怕学习英语，在课堂教学中没有足够的自信，所以很少发言和交流。再加上高职学生的自主学习能力普遍需要提升，听、说、读、写、译的能力和水平与社会的需求还有很大的差距，教师的教学方法不能推陈出新，教学手段较为单一，而且在课时有限的英语课上还在使用大班授课的方式，因此教学目标的实现是很难的。信息技术与教育不断深入结合的今天，教学理念与教学模式的变革已经势在必行。英语教学的新活力正由翻转课堂、微课和慕课等教学方法和手段源源不断地提供着。

早在 20 世纪 90 年代，我国高职英语教学就已经开展利用多媒体来辅助教学。经过了多年的实践，英语信息化教学取得了令人瞩目的成绩。实践表明，英语教学仅仅使用网络远程教育，学生学习的效果是远不能达到理想状态的。因此，教师的指导仍然是必要的。高职英语要想提高自身的教学质量，就需要将传统英语课堂教学模式与在线网络课堂教学模式进行有机结合，让改革不断深化。这样不仅能发挥教师的指导作用，还可以让学生的学习主动性得到激发。大学英语课堂教学效果和学生的英语综合能力也会因此获得相应的提升。高职英语混合式教学模式是一种具有创新性的教学方式，让学生的学习兴趣和潜力更容易被激发出来。互联网和手机的大量应用也为混合教学模式的推广提供了硬件上的支持。学生通过线上和线下的方式对英语教学内容进行学习，更符合新时代的学生的学习习惯。教师也要顺应新时代的浪潮，懂得与时俱进，同时对学生的个体差异加以关注，做到因材施教，分类指导。

2. 高职英语课堂混合式教学的可行性

多媒体网络教学伴随着信息技术的快速发展和“互联网＋教育”时代的到来，在全国教育系统得到了应用并不断推广，高职院校智慧校园建设步伐也得到了进一步加快。在此背景下，高职院校校园网逐渐普及和得到升级完善，多媒体教室和数字语音室规模得到了进一步扩大，各校结合自身特点和优势开发的在线开放课程也日益增多，这些信息化软硬件建设为高职英语课程混合式教学模式的实施提供了重要条件和保障。信息化条件的改善和混合式教学模式的运营，拓展了学生获取知识的渠道，改变了以往学生只能从教师课堂教学中获取知识的单一途径。教师的授课形式也发生了显著改变，线下教学和线上教学相结合，教学过程不再以教师为中心，而是始终以学生为中心，服务于学生的英语应用能力提升和综合素质提高。无线网络的校园覆盖使学生可以随时随地通过网络获取所需的知识，学生可以通过手机或笔记本电脑学习教师布置的在线课程学习任务并和教师在线互动交流，学生也能通过课程教学，和教师面对面交流，得到教师直接的指导和帮助。这种线上和线下相结合的混合式教学模式，不仅满足了不同层次学生的学习要求，而且也极大地提高了教师的教学效果和学生的学习效率。

### （四）混合式教学模式存在的问题和对策

1. 实施混合式教学模式存在的问题

混合式教学模式以翻转课堂理念为基础，在高职院校的英语教学实践中取得了良好的成效。学生在接受了混合式教学模式后，学习的积极性被充分调动起来，学习体验也更加多样化，学生的文献查阅能力、项目研究能力、汇报展示能力、口语表达能力和自主学习能力也能在学习的过程中得到锻炼和加强。学生对平时的教学氛围和教学方式也越来越满意，教学效果相比之前有了明显的改善。

虽然在实际的教学过程中，混合式教学模式取得了一定的成效，但是在实施过程中问题依然存在，这些不足和困难使得在高职英语教学中推广和应用混合式教学模式时受到了阻碍。

影响混合式教学模式有效实施的突出问题主要有以下三个方面。

（1）学生自主学习能力不足

在学习基础和学习能力方面，高职学生的表现不尽如人意，部分学生对一些需要线上自主学习任务，缺乏足够的能力来独自完成，使教学的学习效果大打折扣。

（2）在线优质教学资源不足

目前，在线课程教学资源被混合式教学模式所采用的数量还不够多，主要是缺少高质量的在线课程，文本资源仍是在线课程教学资源的主流，与课程内容相关视频资源或其他类型资源相对较少，这就对学生学习的积极性以及最终的学习效果产生了直接影响。

（3）教师信息化教学能力不足

新的教学模式能否有效实施受到教师的教学技能水平和综合素质的直接影响。在当前的高职院校里，英语教师的信息素养和信息化教学水平是不能满足当前的教学任务要求的。现在的教学需要教师具备将信息多媒体技术和英语的教学内容进行有效整合的能力，但是目前来看教师普遍缺乏这种能力，这使混合式教学模式的有效实施和作用发挥在一定程度上受到了限制。

2. 混合式教学模式有效实施策略

基于翻转课堂理念的混合式教学要想在课程教学中取得更好的效果，需要从以下几个方面做出努力。

（1）转变师生角色定位

师生之间的平等、对话的关系是翻转课堂理念的混合式教学模式十分重视的内容，师生之间教学交流、传递信息和内化知识都可以通过线上线下课堂展开。对于教学所需的教学资源需要教师的精心设计，基于项目的学习活动也需要老师去精心组织，让学生拥有更多的时间去自主学习、自我思考、汇报表达和参与讨论。而教师也应该转变自身的传统观念，对自己的角色定位进行主动调整，让自己尽快从课堂的主导者转变为教学的组织者、引导者和与学生的对话者。学生也要从之前教学的跟随者，认识到自己才是学习的真正主体，实现从“要我学”到

“我要学”的根本转变，参与线上线下学习活动时都要积极主动，将自己的信息素养和自主学习能力努力提高上去，在完成混合式教学的各项任务时要一丝不苟，保证混合式教学的预期效果能够顺利实现。

（2）灵活运用混合式教学模式

混合式教学是一种全新的教学理念，是网络多媒体技术环境下传统课堂与网络课堂有机结合的新型教学模式，是以教师为主导、学生为主体、充分发挥学生学习主观能动性的教学方式。混合式教学模式的重点是“混合”，混合什么？如何混合？混合到什么程度？这需要教师加强调研，认真研究，并建立在对学生、教学环境和网络教学技术重复熟悉的基础上，需要教师在教学过程中根据教学内容特点、学生学习基础和学习能力、教学资源储备情况和信息化教学条件等进行科学设计，灵活运用。只有这样，才能使混合式教学模式更加贴合学生的学习需要，也才能取得最佳的教学效果。

（3）提升教师信息化教学能力

混合式教学模式要想在高职英语教学中得到有效实施以及可持续发展，英语教师的信息化教学能力水平对其有着决定性的影响。但目前在信息化教学上，高职英语教师普遍需要加强这项能力。因此，进行混合式教学模式改革的关键就在于对英语教师的信息化培训力度的加强，让教师的信息化设计和教学能力得到提升，最终达到开展混合式教学模式的要求。不仅如此，英语教师还要利用各种师资的培训项目来对现代教育教学理论、信息技术应用、信息化教学设计、信息化教学实施技能、信息化教学研究等技能进行系统性的学习。在开展校本特色研修，组织教师参加信息化教师工作坊研修的过程中，要注意结合学校课程特色和教学改革的要求。教师要在教学实践中不断研究，对自身的信息化素养和教学实践能力进行不断提升。学校还要鼓励教师对各级各类信息化教学大赛积极参与，以赛促教，以赛促研，促使教师的信息化教学能力得到进一步提升，为混合式教学模式顺利、高质量地实施提供智力保障。

（4）建设高质量在线课程资源

优秀的课程资源是满足学生学习需要、提高教学质量的关键。因此，要推动混合式教学在高职英语教学中顺利运行，必须有大量的高水平教学资源特别是网络教学资源作为支撑。建设高质量的在线课程资源需要教育管理部门和高职院校共同努力，有计划、有针对性地开发和建设。一是要发挥教育主管部门的统筹和引领作用，整体规划和设计优质在线课程资源建设规划，集中各地的优秀师资力量，分年度开发一批重点在线开放课程，服务高职院校实施混合式教学模式改革的需要。目前进行的国家在线开放课程和省级在线开放课程遴选和建设项目就是政府主导的课程资源建设计划。二是要发挥各个高职院校自身的特色和优势，高职院校要因地制宜，积极开发校本特色的在线开放课程资源，以满足学校混合式教学模式个性化、特色化发展的需要。充足的高质量在线课程资源是混合式教学模式实施的前提和保障。

# 第六章　高职院校英语课程思政的实施

高职院校进行“课程思政”建设，是新时代中国发展对高职教育建设的新要求。本章主要针对高职院校英语课程思政的实施进行论述，主要从课程思政的背景与内涵、高职院校英语课程思政的现状与问题以及高职院校英语课程思政建设的实施路径三个方面展开探究。

## 第一节　课程思政的背景与内涵

高职院校思政教育在实践的过程中能够获得新的思路和方法得益于高职院校课程思政的有效开展。首先，课程改革对现代高职院校教育的良好适应得益于课程思政的实践。其次，课程思政的实践能够促进高职院校思政教育立德树人这一根本要求的实现；能够促进将各门课程的思政教育元素进行充分挖掘，推动对学生的思政教育。最后，思政课程与专业课程、通识课程的相互推进，相互发展也得益于课程思政的实践。本节从分析高职院校课程思政的现实依据出发，对高职院校课程思政体系的建构及实践策略等相关问题进行解读。

### 一、高职院校课程思政的现实依据

#### （一）新时代高职院校思政教育的发展需要

党中央对高职院校的思想政治工作高度重视，高职院校思想政治工作的决策部署做出了明确批示，对高职院校思想政治工作的实践进行密切关注，对改革创新高职院校思想政治的工作模式给予大力支持。高职院校的思政教育实施了人人都参与、人人须接受的教育模式，以加强大学生理想信念教育、爱国主义教育、道德素质教育为目的，让学生对中国特色社会主义理论体系产生高度认同感。中国共产党提出高职院校的思政教育要顺应新时代的发展及其要求来发展，思想政治工作将在高职院校成为重点建设工程。高职院校的思政教育获得国家的高度关注和重视，体现出国家希望高职院校在精神文明建设方面不仅能够满足新时代对高职学生的要求，而且还能为学生个体的全面发展努力创造良好的校园环境。

当前，高职院校思政教育拥有着良好的发展机遇，将教育部关于高职院校思想政治工作的指示做到良好的落实，继续向高职院校课程体系引入先进的教育教学理念，并在当前的思政教育工作中加入有效的思政教育理念。高职院校想要办好教育、加强思政教育能力，这将是他们的必然选择和必然要求，是高职院校提升育人水平的重要保障。

一些现实问题仍然困扰着高职院校思政教育，比如知识教育和思政教育出现了某些程度的脱节、思政教育课孤岛化、大学生价值观的养成环境被快速发展的信息时代的多重影响等。目前，理论认同与现实实践脱节是高职院校思政教育面对的诸多问题中最为普遍的现象。马克思主义理论与高职院校思政课堂存在“两张皮”的现象，在一些高职院校尤其是应用型院校依然存在。马克思主义理论“说起来重要、忙起来不要”的乱象仍然部分存在。[①]这就会使高职院校限制了自身思政教育的实践范围，实施主体覆盖率低，思想政治教育的工作就难以施展，面对这样的现状亟待采取相应措施加以摆脱。

新时代高职院校思政教育的形势异常复杂，为认清这一形势，使高职院校思想政治工作的复杂问题能够得到有效解决，课程思政需要一套既能符合时代发展需要，同时还能使高职院校思政改革得到进一步发展的改革方案。这或许可以在理念转换和实践方法上找到答案。把思政的教育视角进一步扩大，将思政教育贯穿于教育的全过程，实现全员参与、全方位协同、全课程育人，让立德树人的教育目标在高职院校落地开花，使社会主义的建设者和接班人获得德智体美劳全面发展。

### （二）新时代青年正确价值观的引导需求

青年兴则国家兴，青年强则国家强。想要国家有前途，民族有希望，青年一代就必须背负责任，树立远大理想，磨炼本领。习近平曾指出：“青年的价值取向决定了未来整个社会的价值取向，而青年又处在价值观形成和确立的时期，抓好

① 肖香龙．思政课与其他课程须建立协同育人机制 [J]．中国高等教育，2017（23）：14–15.

这一时期的价值观养成十分重要。”① 由此可见，做好对青年的培养工作是一个时代命题，而要为这个时代命题给出满意的答卷，就要对新时代青年的价值观做好引导工作。

大学阶段的思政教育比起初高中阶段，更加强调针对性和目的性。大学阶段是青年人生的第一个转折点，一个新鲜、多彩的生活将会开启，此时的大学生要学会规划自己的人生。同时，在当下社会，经济快速发展、信息极速传播，大学生面对社会利益的分化、多元价值观的相互碰撞，在树立自身价值取向和道德认知时会受到来自各种渠道的信息直接或间接的影响，这其中就包含各种不利于大学生价值观树立的因素。而目前部分大学生自身存在的政治信仰迷茫、理想信念模糊、价值取向扭曲、诚信意识淡薄、社会责任感缺乏、艰苦奋斗精神淡化、团结协作观念较差、心理素质欠佳等问题是由于现实世界和虚拟世界的差异导致的。尽管相对较高的道德认知水平为当代青年所具备，但其践行能力就显得不够强大。将内部需求和外部影响处理好，是大学生需要认真研究的课题，而树立良好的自我认知和坚定的理想信念有助于这一问题的解决。由此，基于高职院校以对人的培养和塑造为初衷，针对正处在价值观需要塑造、性格需要锤炼、意志需要磨炼的关键阶段青年学生教育，必须牢牢抓住这个关键时期，使学生成长发展的需要获得满足，使学生的身心健康得到保障。

### （三）试点高职院校课程思政的实践和经验

课程思政在从理论迈向实践的过程中，伴随着一路的否定和曲折。但正如马克思所说，事物的前进无一不是在曲折中前进，课程思政的发展亦是如此。从前文可知，江浙沪地区的一些高职院校率先开始了课程思政的实践工作。比如，有大学从四个维度对课程思政进行了分析，把立德树人和课程思政的关系进行了条分缕析的阐述：课程思政是以立德为其根本任务，以树人为其核心要求，立德树人则需要课程作为路径选择，思政是立德树人的中国视野。

例如，高职院校课程思政教育教学改革某个整体试点高职院校，在思政教育教学改革的实践中，采取以思政课程为核心，将“中国系列”课程、综合素质课程、哲学社会科学课程打造成思政课程实施的中坚力量。建立起思政课程体系是以专

① 习近平．青年要自觉践行社会主义核心价值观——在北京大学师生座谈会上的讲话[J]．人民教育，2014（10）：6-9.

业课程为支撑的，最终达到从思政课程到课程思政的圈层效应。还有的高职院校在推动课程思政教育改革的过程中，把一股“思政味儿”加入到了专业课中。并在全校开展了“课程思政聚合行动”，大力推进各门课程与思政教育的协同发展、相互促进。

当课程思政的潜力被北京地区的高职院校发现后，他们也开始了学习和实施课程思政，并且他们将各门课程的思政教育功能充分地发挥出来，建立众多示范课堂，把意识形态的主阵地牢牢握在手中，在课程思政中也融入了“北京元素”，不仅积极地进行形式和内容的创新，还坚决落实“守好一段渠，种好责任田”的生动实践。这些高职院校还以课程思政为话题进行专题报告，把他们获得的成果和经验向全国高职院校进行分享。这些课程思政的探索者，不仅获得了课程思政在实施过程中的阶段性成绩，更是让课程思政这一事物从无到有，把课程思政由局部推向整体。

“大学之道，在明明德，在亲民，在止于至善”这是课程思政对的传统教育价值回归；“师者，传道授业解惑者也”，这是课程思政对现代教育的价值反思；而在高等教育上，立德树人则是课程思政一直的价值追求。新时代高职院校思想政治工作的发展成果就是课程思政的理念形成和实施现状。课程思政通过实践摸索不断地稳中求进、理论支撑不断被巩固发展、现实依据的实事求是，必将会进行得如火如荼，使高职院校思政教育焕发新的生机，让思政教育发展的成果由全体师生共创共享。

## 二、课程思政的背景

区域性的“课程思政”改革实践在 2014 年首先在上海各高职院校展开，这些高职院校随即推出了“大国方略”等一批中国系列综合素养课程，并获得了巨大成功。全国高职院校思想政治工作会议于 2016 年 12 月召开，推动了高职院校课程思政的发展。2017 年 5 月，中央《关于深化教育体制机制改革的意见》，将课程思政纳入高职院校教育改革的体系之中，课程思政从地方实践探索转变为国家战略部署。2017 年 12 月，教育部发文提出要对课程育人的质量提升体系进行构建，大力推动课堂教学改革，实现“课程思政”的目标。2019 年 8 月，中共中央办公厅、国务院办公厅印发《关于深化新时代学校思想政治理论课改革创新的若干意见》，要求“整体推进高职院校课程思政和中小学学科德育”，课程思政从区域性理念和实践上升为国家政策。2020 年 5 月，教育部发布《高等学校课程思政建设指导纲要》，对高职院校课程思政建设进行全面部署和推动。

## 三、课程思政内涵特征

课程思政是新时代高职院校思想政治工作的创新之举，是培养社会主义建设者和接班人的重要举措，课程思政体现了社会主义高职院校的办学方向和育人理念。

1. 课程思政是体现中国特色社会主义高职院校特征的重要内容

让马克思主义作为高职院校意识形态的指导思想以及坚持社会主义办学方向的重要阵地的地位更加稳固，并对党的教育方针坚决地贯彻落实，完成高职院校立德树人的根本任务，这就是课程思政设立的意义。课程思政解决了高职院校在课程建设中遇到的“培养什么人、怎样培养人、为谁培养人”这一根本问题。使高职院校的教育能够在社会主义理论思想的引导下，将各门课程融入思想政治的教育元素，更加旗帜鲜明地落实社会主义核心价值观教育，在知识传授和能力培养过程中加入价值观的树立，学生在潜移默化中获得思想、行为的培养，促使其形成正确的世界观、人生观、价值观。

2. 课程思政是一种“全员全过程全方位”育人的教育理念

课程思政以“三全育人”为自身的教育理念，它虽然不是一门课程，却要在高职院校教育教学的全过程将育人的理念贯彻其中。这就需要高职院校内的所有教师、所有课程都将育人的责任承担起来。教师队伍就是课程思政的“主力军”，课程建设就是课程思政的“主战场”，课堂教学就是课程思政的“主渠道”。让各门课程与思想政治课程相互促进，形成协同效应，建成一个全员全程全方位进行育人的大格局，将各门课程的思想政治教育元素进行充分挖掘，把思想政治教育资源联系组织起来，使思想政治教育形成合力。

3. 课程思政与思政课程的关系

高职院校立德树人这项根本任务得以落实的重要形式是思政课程和课程思政，而这两者都属于思想政治教育。思政课程是课程体系，引领着高职院校中的大学生思想政治工作。课程思政是教学体系，是大思政观的具体体现。思政课程在“培养什么人，走什么路，跟谁走”的根本问题上有着重要的影响。课程思政则是将高职院校各门课程的思想政治教育元素进行整合，利用课堂教学和实践活动，对大学生开展潜移默化的思想政治教育，最终使思政教育达到春风化雨、润物无声的教育效果。思政课程指引着课程思政的前进方向，课程思政是对思政课程提供的思想理论的全面落实。两者相互补充，相互促进，共同构成高职院校大学生思想政治教育体系。

## 第二节　高职院校英语课程思政的现状与问题

高职英语，作为高职院校重要的公共基础课，具有教学时间较长、覆盖学生面广和思想政治教育元素丰富的特点，因而是高职院校课程思政的重要阵地。但是，目前高职英语的课程思政育人功能尚未得到很好的发挥，主要原因在于英语教师的课程思政意识和能力不足，课程教学内容中课程思政元素没有得到很好开发和利用，教师教学方法未能充分促进课程思政功能发挥，考核评价方法不能体现课程思政育人导向等等。

### 一、高职英语教师课程思政意识不足

#### （一）部分高职英语教师课程思政意识淡薄

教师是课程思政实施的主力军，但是目前高职院校很多英语教师缺乏课程思政育人的意识，未深入领会教学过程中思想引领的重要作用。他们认为高职英语教学的主要任务是向学生传授语言知识，培养听、说、读、写、译英语语言技能，了解西方文化和历史，拓展国际视野，大学生政治思想教育主要应该由思政课老师和辅导员来承担，跟英语老师关系不大。另外，很多英语教师长期在英语文化环境中开展教学工作，逐渐受到西方文化的影响，在教学中往往会不知不觉地介绍西方文化的优越性，缺少对中国传统文化的介绍及中西文化的对比，因而在英语教学中存在文化单向传播的问题，也使部分学生在学习英语过程中产生对西方文化盲目崇拜的错误倾向。这体现出当前部分高职英语课程教师对课程思政认识

的明显不足，因而未能做到将知识传授、能力培养和价值引领有机融合，与新时代党对高职院校立德树人的要求还有较大差距。

### （二）高职英语教师课程思政能力薄弱

很多高职英语教师长期专注于英语语言知识、语言技能和英美文化的研究和教学，具备了丰富的英语专业知识和学术研究能力，但对于如何在教学中开展课程思政并发挥育人作用知之甚少，更没有对英语课程教学中有哪些思政元素，如何挖掘和开发课程思政资源，如何将课程思政元素融合到英语课程教学中，如何在英语教学中润物无声地对学生进行理想信念和爱国主义以及职业精神教育等问题进行深入的研究和实践。因此，目前部分高职英语教师的政治理论水平不高，课程思政能力明显不足，需要下大力气开展教育和培训。

### （三）高职英语课程思政团队尚未建立

推进课程思政建设，高职英语教师不能单打独斗，应充分发挥教学团队作用，加强课程内外协作，形成团队合力与整体优势，才能系统地推动课程思政教学内容、教学方法等改革创新，提升课程思政建设成效。但是目前高职英语教师课程思政意识和能力严重不足，而且课程思政建设团队尚未建立起来。一方面，高职英语教师团队内部还没有根据课程分类和特点构建课程思政教学教研团队，因而无法系统开发高质量课程思政教学资源并联合开展课程思政教学，高职英语课程思政的实施也就成了无源之水，教育效果可想而知。另一方面，高职英语课程思政的有效实施也需要学校思政课程教学团队的理论支持和教学策略指导，而目前高职院校英语课程团队和思政课程团队没有形成有效沟通的合作机制，因而尚未形成课程思政与思政课程的相互补充、相互促进、同向同行的良好局面，不利于高水平课程思政教学团队的打造和高职英语教师课程思政能力的提升。

## 二、高职英语课程思政教学内容未整合开发

我国高职院校的英语教学长期以来主要偏重于英语能力培养，强调实用性、工具性而不是人文性，往往忽视了对语言中所蕴含的世界观、人生观、价值观等人文性的辩证分析与正确引导，因而高职英语教师在课程教学中没有系统整合和开发课程思政育人教育资源，课程思政的育人功能没有得到有效发挥。

### （一）高职英语教学内容中中国元素缺失

在高职英语教学中，教师重点关注学生国际视野的提升和跨文化交流能力的培养，为了追求所谓语境的纯粹性，往往在英语教材编写时只选择具有典型西方文化背景的语境材料，语料主要来自英美国家的有关历史、文化、经济、地理、生活等话题，几乎没有涉及中国传统文化和中国时代精神的语料，如中国古代文明、地理历史、名胜古迹、改革开放、科技发展等。英语课程教学内容中严重缺乏中国元素，必然会产生诸多的不利影响：第一，学生长期在这样一种语境和文化氛围中学习，必然会受到西方文化的影响，对西方文化产生片面的认识，甚至会造成盲目的崇洋媚外，从而降低对中国文化的认同感，因而不利于学生树立文化自信；第二，学生长期在西方文化语境中学习，受到西方意识形态的负面影响，不利于社会主义核心价值观的养成；第三，由于高职英语教学内容中缺乏中国元素，学生不能很好地理解中华优秀传统文化，很多学生不会用英语表达和展示中国文化，由此造成中国传统文化在英语教学中处于“失语”状态，不利于讲好“中国故事”、传播好中国文化。

### （二）高职英语网络思政教育资源未开发

现代信息技术的快速发展和网络的广泛应用，给高职学生文化交流和信息获得带来了极大的方便，但同时也加剧了各种价值观和意识形态的碰撞冲突。如果缺乏及时适当正确的引导，高职学生就难以批判性地分析吸收这些信息，西方文化中的自由主义思想就会影响高职学生社会主义核心价值观的养成。因此，高职英语教师要积极引导学生正确利用网络资源，同时积极开发和应用高职英语课程网络思政资源，以满足学生网络自主学习和线上线下混合式教学的需要。但目前高职英语的网络思政教育资源没有得到有效利用和系统开发。一是网络思政教育资源没有得到充分利用。高职英语课程学习主题广泛，与主题相关的适合思想政治教育的英语课程众多网络资源如音频、视频等挖掘整合不够，尚未得到充分利用。二是高职院校目前开发的各种英语网络学习平台和在线课程，主要是为了满足语言学习的工具性要求，针对英语语言知识学习和语言技能训练开发的，而英语课程思政学习内容并未在网络学习平台和在线课程中得到同步开发和应用。

### 三、高职英语课程思政的教学方式单一

#### （一）课程思政教学方式单一

教学方式是指在教学过程中，教师和学生为了达到教学目标所采用的行为方式的总称。教学方式服务于教学目标，由于长期以来课程思政在高职英语教学中没有得到应有的重视，因而高职英语教学方式的研究与实践没有得到广大研究人员和英语教师的关注。高职英语课程育人的教学方式比较单一，主要是采用讨论法。在高职英语课程有关主题讨论时，由学生分组进行讨论，然后由各小组派代表进行汇报，最后由老师进行点评和讲解，老师在讲解时会对主题涉及的思想政治教育的相关内容进行分析和阐述，对学生进行引导和教育。

#### （二）课程思政评价体系缺乏

目前，高职英语课程思政教学主要围绕每个单元的话题拓展、热点时政新闻讨论等活动开展，英语课程对学生的考核评价只是反映在对平时成绩的考评，主要体现在对学生的学习态度考核上，一般是考核学生的课堂出勤情况和课堂表现情况。因此，目前高职英语课程尚未建立起一个完整的课程思政考核评价体系。

## 第三节　高职院校英语课程思政建设的实施路径

### 一、加强学校课程思政顶层设计

课程思政无论对于教育、对于学校、对于专业、对于课程，还是对于教师，都是应有之义，课程思政是当前人才培养改革的热点、重点和难点，需要顶层设计。

#### （一）提升教师课程思政意识

关于课程思政教学改革思想的大讨论需要在学校、院系和基层教学组织等多个层面展开，促进教育部的《高等学校课程思政建设指导纲要》得到深入贯彻落实，使课程思政的理念形成广泛共识。广大教师不仅要对教书育人的主业持续坚

守，还要全面提升开展课程思政建设的意识和能力，让师德师风的建设变得更加扎实稳固，把师德师风作为评价教师队伍素质的第一标准，模范践行《新时代高校教师职业行为十项准则》，在课程思政建设考核评价中实施师德师风“一票否决”权制，课程思政示范课程的主讲教师应具备良好的师德师风，政治立场坚定，深化育人理念，有强烈家国情怀，思维新、视野广、自律严、人格正，注重为人师表，提升教学境界，在课程教学中应融入真善美，促进立德树人成效进一步提高。

**（二）更新高职英语课程标准**

要根据时代背景、国家要求、社会需求和课程特点，从高职英语课程标准的更新入手，将高职英语课程具有的工具性和人文性两种课程性质进行明确，把课程的人文教育属性加以突出。对高职英语课程思政要树立明确的目标，对课程思政的教学内容要适当增加，努力将课程思政德育评价体系补充完善等等。而高职英语教学目标的制订、教学内容的选择、教材的更新补充、教学效果评价等各个环节最终都要依靠课程思政教学理念的贯彻落实。

**（三）强化课程思政的组织实施**

加强对高职英语课程标准的审核工作是高职院校教务部门必须完成的任务，坚持德育智育并重原则，要对课程标准设计的全面性、科学性和可行性从课程思政角度进行全面核查，使得高职英语课程与思政课程能够相互促进，在源头上强化和保障高职英语课程思政的实施。

在高职英语课程思政的实施过程中，高职英语教学部门要精心组织设计，要认真细致地督查英语教师的课程设计、授课计划、单元设计、课堂设计等中观和微观的课程实施方案，而立足课程思政的教学内容、教学方法、评价方式的选择和优化要进行重点督查，使高职英语课程思政预期效果能够得到保障。

**（四）完善课程评价机制**

发挥科学的教师评价体系，可以让正向的导向作用产生。这样不仅可以让教师的专业水平和教学水平得到提升，还可以把教师的工作积极性激发出来，让教师发展得更好。

科学的教师评价体系能产生正确的导向作用，不仅可以促进教学提升专业水平和教学水平，而且可以激发教师工作积极性，促进教师更好地发展。目前对高职英语教师的评价主要是针对高职英语课程的工具性的教学目标的完成情况来评价教师的教学水平和教学质量，而对于高职英语课程的人文属性、教学目标的考核则没有具体的标准，因而在实际中也无法进行有效的考核评价。因此，建立健全基于智育和德育目标实现情况的双重评价机制可以强化教师对高职英语课程思政重要性的认识，激发教师参与高职英语课程思政工作的积极性，从而促进高职英语课程思政有效实施和持续发展。

## 二、提升英语教师课程思政能力

1. 加强思政理论学习，提升思想政治素质

传道者，首先自身必须明道、信道。马克思主义基本原理及其中国化理论需要教师首先进行学习和领会，之后才能将正确的价值观和方法论传递给学生。关于人文知识的学习和人文精神方面，教师要不断加强理解，特别是对中华优秀传统文化的学习、掌握和感悟，才能将知行合一真正地落到实处，更好地引导学生形成健全的人格。因此，加强学习政治理论，提高课程思政政治站位是高职英语教师必须要做到的。

2. 增强育人责任意识，提升课程思政意识

高职英语教师要消除外语教学与学生思想政治教育无关的错误观念，认真学习贯彻教育部有关课程思政建设的工作部署和要求，进一步增强课程育人的使命感和责任感，充分认识高职英语课程思政育人的重要性和教育价值，将思政教育元素有意识、有计划、有步骤地嵌入高职英语教学中，把高职英语课程思政的重要作用在高职院校的育人工作中充分发挥出来。

3. 强化课程思政训练，提升课程思政能力

一是要开辟多种途径，提高课程思政资源开发能力。高职英语教师首先要提高政治站位，提升课程思政育人的自觉性，高起点培养课程思政资源开发能力。要从课程标准的顶层设计上规划好高职英语课程思政的体系框架，设计好课程思政的重点内容和在各章节中的课程思政元素中的嵌入，再由英语教师根据课程思政内容框架体系，逐章逐节选择、开发课程思政的元素和实施方案。通过高职英

语课程思政内容的系统开发训练，英语教师的课程思政资源开发能力得到显著提高，教师对课程思政的认识也潜移默化下得到提升。

二是要创新课程思政教学方法，提高课程教学效果。高职英语教师要根据不同教学任务和教学内容的特点，因地制宜选择不同的教学方法和教学形式，提高英语课程的课程思政育人效果。英语语言知识技能的教学和课程思政教学在教学目标和教学内容上有很大差异，因此需要采用不同的教学方法。教师在平时进行语言知识传授和语言技能训练的过程中，可以采用讲授、练习、实践等教学方法进行。而要在课程思政教学中达到满意的教学效果，运用这些方法往往难以实现。因此需要根据高职英语课程的特点，基于启发式和探究式教学理念，采用案例分析、分组讨论、汇报展示、总结点评等教学方法，鼓励学生辩证分析现象、思考问题、表达观点、明辨是非，培养学生综合人文素养、跨文化思辨能力和批判性思维能力。通过中西文化对比和辩证分析，潜移默化地促进学生社会主义核心价值观的形成和对中华优秀传统文化的理解和热爱，进一步增强“四个自信”。

三是要加强团队合作，发挥课程思政教学合力。为了保障课程思政顺利开展和有效推进，必须加强组织领导和团队建设。在学校层面要建立课程思政领导小组，统筹协调推进全校的课程思政建设工作。由学校教务处牵头、马克思主义学院协助对全校各专业教学标准进行修订，明确和落实专业教学标准，落实课程思政的各项要求。外语教学部门要贯彻课程思政的目标要求，组建课程思政教学团队，发挥好团队的作用，开展课程思政集体备课，制订与专业教学标准匹配的高职英语课程标准，开发高职英语课程思政教学资源，将课程思政目标落实到高职英语教学的各个环节，实现立德树人的根本任务。高职英语教学团队要加强与学校思政课教师团队的沟通与合作，组建混合教学团队，发挥思政教学资源的引领和指导作用，以提升高职英语课程思政的思想性、针对性和有效性。

## 三、开发英语课程思政教学资源

教育部对高职院校课程思政建设提出了总体要求，高职院校在课程思政教学资源的开发上就必须遵循这个要求，并且结合一定的高职英语课程的特点来开展。文化性、职业性和国际性是高职英语具有的三大特点。高职英语既承担了文化素质方面对学生的中外人文知识、素质培养和世界观、人生观、价值观培养的输出，又对学生的职场外语应用能力和职业技能的实践进行了训练和培养，还使学生的国际视野和跨文化交流能力得到了拓展。高职英语目前分为基础英语、职场英语、行业英语和拓展英语等模块。各模块的具体性质和内容的差异化，是高职英语课程思政资源开发的依据。而高职课程思政的主要领域也将会在课程整体上得到拓展，进而使高职英语课程思政的独特的育人功能得到充分发挥，使学生的家国情怀、职业精神和国际意识得到重点培养。

（1）基础英语模块。基础英语模块是高职各专业共同开设的英语模块，该模块主要目标是进一步提升英语语言知识水平和英语应用能力，同时人文素养是现代人的重要素养之一，高职基础英语模块作为传授英语语言知识和了解西方文化的课程，是开展学生人文素质教育的重要载体。高职基础英语模块的课程思政重点是提升学生对西方文化的分析鉴别能力，提升中国文化自信，自觉培育和践行社会主义核心价值观。通过在教学内容中增加中国优秀传统文化的内容，加强中西方文化的对比学习和研究，使学生正确认识中西方文化的差异及其产生的原因，辩证地认识西方社会和文化的利与弊，正确学习和借鉴西方文化中的精华，剔除其糟粕。通过学习中国人文历史、自然风光和社会发展等内容学习，使学生加深对中国传统文化和新时代中国特色社会主义的全面理解和认识，培养学生的民族自豪感、爱国热情和社会主义核心价值观。通中西文化的对比学习，学习认识西方文化的同时，进一步提升用英语说中国故事、传播中国文化的能力。因此，高职英语基础模块是学生学习英语语言基础知识和开展语言技能训练的主要途径，也是培养学生人文素养、培育家国情怀、塑造世界观、人生观、价值观的重要载体。

（2）职场英语模块。学生职场中应用英语的能力是高职英语职场模块的主要培养方向，同时培养学生的职业精神也是课程思政赋予职场英语模块的教育任务。在长期的职业实践中，人们培育出的为职业界认可的职业情操就是职业精神。这包括了人们对职业的价值观、职业态度、职业责任和职业道德等综合形成的精神品质。学生学习的专业不同，未来从事不同的职业，但需要培养的职业素养却是共通的。比如，工匠精神、劳模精神、敬业精神等。并且不同的行业对员工有着不同的要求，行业自身的核心精神应该被从事该行业的人们所学习和掌握，最终内化为一种自觉行动。

（3）行业英语模块。以某铁道职业技术学院为例，该学院设有轨道交通专业大类、经贸专业大类、IT 专业大类、艺术设计等数个专业大类。在职业精神的标准和要求上，这些不同的专业也是各不相同。在行业英语教学中，高职英语教师以行业特点为依据，让该行业领域的职业精神以相关的课程思政素材为媒介，灌输到学生的头脑中。例如，在学生进行高铁专业的学习时，教师的授课要把行业精神与轨道交通行业英语教学内容相结合，并重点向学生介绍“大国工匠精神”“火车头精神”“高铁精神”等职业精神内涵，使学生的敬业精神、工匠意识、品牌意识、责任意识和民族自豪感得到培养。

（4）拓展英语模块。在拓展英语模块中，课程的开设与学生综合素质发展的需要有着直接的联系。学生通过在拓展英语模块的学习，树立起全球眼光，对于一些新的国际化理念，比如多边主义、国际合作、构建人类命运共同体、促进世界共同发展的理念都会积极地强化并坚持。学生在拓展英语模块的教育下，会树立起保护生态、绿色发展的可持续发展理念，积极为建设美丽中国、美丽世界贡献自己的一分力量。

## 四、建立线上线下课程思政学习途径

目前，高职院校在信息化教学方面得到了快速发展，信息化教学条件得到了明显改善，信息化教学资源得到了较大的扩展，信息化教学方法得到广泛的应用。高职英语课程思政要提升课程思政教育效果，就必须充分应用信息化教学手段，采用“互联网 +”教学模式，用好信息化教学平台和在线开放课程，以慕课、微课、多媒体教学等多种形式，把教师的课程教学与网络学习平台的学生自主学习有机结合起来，发挥混合式教学模式的优势，注重课程思政教学中教师的主导作用和学生的主体作用，使教和学形成多元互动与互补，从而提高课程思政的育人效果。

# 参考文献


[1] 李光衿．高职英语 ESP 课程教学融入课程思政教学的实践路径 [J]．太原城市职业技术学院学报，2022（06）：155-157．

[2] 刘芳．高职英语课程思政建设的策略研究 [J]．重庆电力高等专科学校学报，2022，27（03）：31-33．

[3] 刘英．课程思政背景下高职英语 BOPPPS 教学模式研究 [J]．武汉工程职业技术学院学报，2022，34（02）：92-95．

[4] 夏锦萍，洪艳琼，任梦佳．高职英语“GSDIE”课程模式探析与实践 [J]．现代职业教育，2022（23）：46-48．

[5] 张潇月．翻转课堂在中职《文秘英语》教学中的应用研究 [D]．天津：天津职业技术师范大学，2022．

[6] 余立祥．“三教”改革背景下高职公共英语课程思政建设路径研究 [J]．湖北开放职业学院学报，2022，35（10）：115-116，119．

[7] 黄盈．高职英语课程思政融合路径研究 [J]．江苏教育研究，2022（15）：8-11．

[8] 李洪梅．高职英语模块化课程体系的构建研究 [J]．海外英语，2022（09）：217-219．

[9] 谢媛媛．《高职英语》课程思政情况调研报告 [J]．海外英语，2022（09）：228-229．

[10] 陈幼芳．高职公共英语“课程思政”教学模式探究 [J]．哈尔滨职业技术学院学报，2022(03）：164-167．

[11] 魏海波．高职英语的微课程设计与教学实践 [J]．纺织服装教育，2022，37（02）：164-169．

[12] 文忆茹．课程思政视角下初中英语德融课堂现状研究 [D]．上海：上海师范大学，2022．

[13] 金翠洁．新时代加强高职英语课程思政实施路径研究 [J]．湖北开放职业学院学报，2022，35（03）：83-84.

[14] 陈捷．混合式教学模式下高职英语课程思政教学研究 [J]．开封文化艺术职业学院学报，2022，42（01）：58-60，64.

[15] 付文文．新媒体背景下高职英语教学中的思政课程改革探究 [J]．湖北开放职业学院学报，2021，34（24）：105-106.

[16] 邹斌，钱婷婷，王雪滢．跨学科商务英语课程设置需求分析——以西交利物浦大学为例 [J]．中国 ESP 研究，2021（04）：69-76，102.

[17] 杨洪玉，沈杰，李凤，于天娇．课程思政视域下高职英语"三教"改革探索 [J]．北京工业职业技术学院学报，2021，20（04）：75-78.

[18] 李晓莉．高职英语教学"课程思政"实施路径探索——以新职业英语为例 [J]．湖北成人教育学院学报，2021，27（02）：73-76.

[19] 牛达．高职公共英语教学课程思政改革的探索 [J]．辽宁高职学报，2021，23（02）：37-40.

[20] 韩玲．文化自信视阈下高职英语课程思政的四维路径 [J]．中国职业技术教育，2020（35）：65-69.

[21] 刘云霞．高职院校行业英语课程思政的对策研究 [D]．石家庄：河北师范大学，2020.

[22] 洪炜．混合式教学模式在高职大学英语课程中的应用 [J]．佳木斯职业学院学报，2020，36（03）：65-66.

[23] 闵璐．学前教育专业英语课程教学现状研究 [D]．南昌：江西科技师范大学，2019.

[24] 王丹丹．新时代高校大学英语"课程思政"研究 [D]．合肥：安徽农业大学，2019.

[25] 贾振霞．大学英语混合式教学中的有效教学行为研究 [D]．上海：上海外国语大学，2019.

[26] 梅琴．高等职业院校英语实践教学研究 [D]．桂林：广西师范大学，2018.

[27] 游长松．大学英语课程管理体制问题与改进对策研究 [D]．武汉：武汉大学，2016.

[28] 李润坤．基于信息技术的高职英语课程教学改革研究 [D]．北京：北京理工大学，2015．

[29] 雷静．高职院校职业英语教学改革研究 [D]．咸阳：西北农林科技大学，2015．

[30] 董占政．项目教学法对高职商务英语课程的启示 [D]．青岛：中国海洋大学，2014．